¿Podemos cambiar
nuestra relación con el mundo?

¿Podemos cambiar nuestra relación con el mundo?

Luis Antonio Wences Román

Libros en red

www.librosenred.com

Dirección General: Marcelo Perazolo
Diseño de cubierta: Patricio Olivera

Primera edición en español - Impresión bajo demanda

© LibrosEnRed, 2022
Una marca registrada de Amertown International S.A.

ISBN: 978-1-62915-501-2

Para encargar más copias de este libro o conocer otros libros
de esta colección visite www.librosenred.com

PRÓLOGO

Prólogo al libro *¿Podemos cambiar nuestra relación con el mundo?* de Luis Antonio Wences Román.

Luis Tamayo Pérez[1]

Documentar las causas de la catástrofe venidera es una tarea muy importante si pretendemos reducir sus peores efectos. El estudio del Dr. Luis Antonio Wences Román lo hace de manera magistral en el plano filosófico. Basado en una lectura cuidadosa de la obra de Martin Heidegger, a quien muchos consideramos el filósofo más importante del siglo XX, revisa todos los conceptos relativos al mundo, la mundanidad y la imagen del mundo con el objeto de mostrar que el sabio de Messkirch ya había denunciado que algo no marchaba bien en lo referente al vínculo entre la humanidad y su entorno.[2]

Tal y como denuncia Heidegger, en el mundo moderno la naturaleza ha perdido su carácter sagrado y se ha convertido

---

[1]   PhD (UNAM, 1994) y Profesor Investigador de TC de la Facultad de Psicología de la Universidad Autónoma de Querétaro.

[2]   Asunto también estudiado no sólo por quién estas líneas escribe (Tamayo, L. (2010: *La locura ecocida*, México: Fontamara; y *Aprender a decrecer 2.0*, México: ULSAC/ColMor) sino por Vattimo, G.; Giardina, M. y Pobierzym, R. (2016). *Heidegger y la cuestión ecológica*, Bs. As. Prometeo.

en mero "recurso natural", en un *valor de cambio* más para una humanidad que, obnubilada por el pensar metafísico, se considera separada del resto de los animales, del resto de la *Physis*.[3] La consecuencia de ello es evidente: en nuestros días la naturaleza es expoliada sin piedad, los animales son exterminados al grado de llevar a innumerables especies a la categoría de "en peligro de extinción" y el clima se altera de manera inusitada. No por otra razón el 6 de mayo del 2019 la UNESCO anunció que había iniciado la Sexta extinción masiva de las especies,[4] una que ya no es causada por la caída de asteroides o por vulcanismo extremo sino por el modo de vida consumista de la humanidad moderna. Asimismo, el Panel Intergubernamental sobre Cambio Climático (IPCC por sus siglas en inglés) sostuvo en octubre del 2018 que contábamos tan sólo con doce años para detener las crecientes emisiones de Gases de Efecto Invernadero (y sobre todo las de bióxido de carbono y metano) si pretendíamos mitigar los peores efectos del Calentamiento global y así mantener el incremento de la temperatura promedio de la tierra por debajo de los 2 grados centígrados (respecto a épocas preindustriales).[5] Si no cambiamos el actual modelo civilizatorio, en el 2030 ya no habrá gran cosa que hacer: los fenómenos asociados al Calentamiento Global Antropogénico (incremento en frecuencia e intensidad de los fenómenos hidrometeorológicos,

---

[3]   Riechmann, J. (2016). *Ética extratramuros*. Madrid: Ediciones UAM.

[4]   Según la *IUCN Red List of Threatened species 2019* (Lista roja de especies en peligro de extinción de la Unión Internacional para la Conservación de la Naturaleza) más de 28,000 especies están en peligro de extinción: el 40% de los anfibios, el 25% de los mamíferos, 34% de las coníferas, 14% de las aves, 30% de los tiburones y rayas, 33% de los arrecifes de coral y el 27% de los crustáceos. Y si comparamos tal informe con la edición 2010 de la misma lista notamos que casi se ha duplicado.

[5]   Al respecto cfr. https://www.bbc.com/mundo/noticias-45785972

derretimiento de polos y glaciares, pérdida masiva de ecosistemas y disminución de productividad agrícola a cielo abierto) serán inerciales y, hacia el final del presente siglo, al aumentar la temperatura global entre 4 y 6 grados centígrados, las condiciones de vida para la humanidad en la tierra serán simplemente insoportables.

Desde mi punto de vista, Heidegger y el Dr. Wences no se equivocan, la raíz profunda de ese maltrato a la tierra y a todas las especies que acompañan a la humanidad en su paso por la existencia es un tipo de pensamiento, el metafísico, el cual simplemente calcula y reduce todo a aquello que los marxistas denominan valores de cambio. Por poner sólo un ejemplo, recordemos que hace apenas un siglo era impensable que el agua pudiese se privatizada y ahora es un hecho "natural"en prácticamente todo el planeta. En nuestros días, algunas capitales del mundo –como Ciudad del Cabo, en Sudáfrica, ya sufren de un stress hídrico tal que sus habitantes tienen restringido el uso del vital líquido a apenas 50 litros diarios,[6] mucho menos de lo que la Organización Mundial de la Salud recomienda. Y la privatización de los bienes de la tierra no es algo que se detenga fácilmente. Bosques, selvas, playas y manglares son ahora privatizados con incluso el beneplácito de algunos de los más brillantes conservacionistas –como el Dr. Edward O. Wilson, quien sostiene que es la mejor manera de asegurar

---

[6]   Tal y como indica Thompson (2018), en Ciudad del Cabo, Sudáfrica, la ciudadanía debe acostumbrarse a utilizar menos de una décima parte del agua considerada necesaria en otras partes del mundo. Los habitantes de Ciudad del Cabo son minuciosamente vigilados y obligados a no rebasar el límite de 50 litros diarios por habitante y el que lo llega a hacer sufre multas por, incluso, el equivalente a 700 euros. En esa nación ya no es un derecho humano contar con el líquido vital. Cfr. Thompson, B. (2018). Running Out of Water: Cape City, The U.S. and Drought, Stanford Law School Blog (6.02.2018): https://law.stanford.edu/2018/02/06/running-out-of-water-cape-town-the-u-s-and-drought/

su preservación.[7] Algunos incluso especulan que, en los años venideros, el aire de calidad, es decir, uno liberado de la gran cantidad de contaminantes que posee el que habitualmente se respira en las principales ciudades de la tierra, también llegará a ser un bien privatizado.

Entretanto el mundo pierde su biodiversidad y las especies salvajes son sustituidas por todos aquellos animales que la humanidad utiliza para su consumo,[8] sometiéndolos a maltratos sólo comparables con los realizados por los nazis en la Solución final contra los judíos (*Endlösung der Judenfrage)*. Así miles de millones de vacas, cerdos, pollos y demás "especies domésticas" son sacrificadas de maneras francamente inhumanas en toda la tierra. Y ello es posible, como nos recuerda el Dr. Wences, simplemente porque la gran mayoría de los seres humanos, como consecuencia de un pensar metafísico que lo hace creerse separado de la naturaleza, han "perdido mundo" y se han vuelto francamente inhumanos.[9]

Eso que algunos denominan el "pensamiento catedral",[10] o como prefiero denominarlo, el pensamiento de largo plazo, –ese que permitió a los diseñadores y constructores de las catedrales del mundo realizar obras que, desde un inicio sabían que no verían culminadas (una catedral tardaba, en la Edad

---

[7]   Wilson, Edward O. (1984), *Biophilia*, Cambridge: Harvard University Press.

[8]   Sarmiento, A. (2019a). ¿Cuál es el verdadero costo de comer carne?, *En el volcán insurgente 56,* INAH Morelos, p. 28. Recuperado 21 de abril de 2020: https://www.researchgate.net/publication/333118890_Cual_es_el_verdadero_costo_de_comer_carne_httpwwwenelvolcancom81-ediciones056-enero-marzo-2019592-cual-es-el-verdadero-costo-de-comer-carne

[9]   Heidegger sostenía que la humana era la única especie capaz de renunciar a su naturaleza, es decir, de volverse "inhumana". Cfr. *Die Armut* (La pobreza) (1945). *Heidegger Studien* 10, 1994.

[10]   Al respecto revisar el estudio del filósofo Roman Krznaric, (2020). *The Good ancestor.* Sydney: WH Allen.

media, más de 200 años en construirse)— es en nuestros días casi una pieza de museo.

En nuestros días el pensamiento de corto plazo es dominante y las grandes obras que se requieren para mantener las condiciones de vida correcta para la humanidad venidera brillan por su ausencia. La humanidad moderna, a causa también de sistemas políticos que no alcanzan a corregir sus insuficiencias –como la *democracia*, es decir, la versión degradada de la *república*, según Aristóteles—[11], promueve solamente la realización de obras cuyos resultados puedan apreciarse en el corto plazo, es decir, en los tres años o seis años que dura el mandato de alcaldes y gobernadores. En consecuencia, las importantísimas obras que conservarían el mundo para las generaciones venideras, tal y como exigía la Dra. Geo Harlem Brundtland en su multicitado informe,[12] son siempre archivadas ante los problemas urgentes.

---

[11]   Nunca olvidemos que Aristóteles en el Libro III de su *Política* indicó que la *Democracia* no era sino una versión degradada de la *República* (Politeia). Era una versión degradada pues en la *democracia* una parte del pueblo (mayoritaria pero no su totalidad) obraba en su provecho: las leyes las escribía sólo ese grupo –el pueblo llano— pensando en su bienestar y en prejuicio de las minorías. La *República*, al contrario, consistía también en un gobierno mayoritario pero que obraba por el *bien común*. Rousseau, haciendo acuerdo con el estagirita, añadirá en *El contrato social* (libro III, cap. IV) que la democracia es un periodo de discordia y malestar social, por lo que no es una forma deseable de gobierno para los hombres, sólo sería válida para "un pueblo de dioses".

[12]   Recordemos que el 20 de marzo de 1987 y luego de tres años de trabajo, la *Comisión mundial sobre medio ambiente y desarrollo*, presidida por la Dra. Gro Harlem Brundtland, presentó, ante las Naciones Unidas, el informe *Nuestro futuro común*, mejor conocido como el "Informe Brundtland". Dicho documento, planteó por vez primera la idea de que era posible un "desarrollo sostenible", es decir, uno que, conjugando los aspectos económico, social y ambiental, dejase de depredar los recursos de la tierra y permitiese, a las generaciones venideras, contar con un planeta con, al menos, las mismas condiciones para la vida que el que nosotros gozamos, es decir: "un desarrollo que satisface las necesidades del

El estudio del Dr. Wences, por tanto, intenta despertarnos, entrega ricas y bien fundamentadas reflexiones para que aquellos que aún no entienden los elementos clave de la catástrofe venidera, puedan hacerlo. No puedo sino regocijarme por la publicación de este valioso estudio.

Santiago de Querétaro, 5 de enero de 2021.

---

presente sin comprometer la capacidad de las generaciones futuras para satisfacer sus propias necesidades". Cfr. http://www.ecominga.uqam.ca/ PDF/BIBLIOGRAPHIE/GUIDE_LECTURE_1/CMMAD-Informe-Comision-Brundtland-sobre-Medio-Ambiente-Desarrollo.pdf

PREFACIO

El presente estudio se divide en tres capítulos que abordan el tema de la relación que tiene el ser humano con el mundo. En la actualidad esta relación se caracteriza por la destrucción ecológica mundial, su relación con la técnica, la ciencia y el pensamiento metafísico, este último es lo que consideramos como la esencia de esta situación actual.

La investigación se base en el método fenomenológico, entendida la fenomenología y de acuerdo con Heidegger, como la ciencia de los fenómenos, es decir: "permitir ver lo que se muestra, tal como se muestra por sí mismo, efectivamente por sí mismo. Tal es el sentido formal de la disciplina a la que se da el nombre de fenomenología" (Heidegger, M. 2007). Así de acuerdo con lo anterior el método hermenéutico fenomenológico tiene tres momentos que conforman el acceso fenomenológico, a saber: la reducción (separar ateoréticamente lo que se va a estudiar); la reconstrucción (el comprender es la base para el trabajo de fenomenología hermenéutica) y por último la destrucción fenomenológica (deconstrucción crítica de los conceptos tradicionales); en este sentido podemos afirmar que el mundo es una estructura que constituye el ser del hombre y no algo externo a él.

En el primer capítulo abordamos los estudios en materia ecológica que desde el año 2000, inicio del milenio se han venido realizando por parte de la Organización de las Naciones Unidas; iniciamos con lo que se conoce como la Evaluación del Milenio, por sus siglas (EM), este estudio realizado por la Secretaría de la Evaluación de Ecosistemas del Milenio y coordinado por el Programa de Naciones Unidas sobre Medio Ambiente (PNUMA), la Secretaría mencionada se encargó de realizar la evaluación de los ecosistemas a nivel mundial, su duración fue de cuatro años y fue especialmente diseñado para coadyuvar en la toma de decisiones que tienen los gobernantes de los diferentes países del mundo, una de las características del citado estudio es que debería tener una base científica, para que las decisiones que fueran tomadas tuvieran un sustento científico, así también se concentró en determinar qué tanto han afectado el bienestar humano los cambios en los ecosistemas y las repercusiones en este mismo sentido en un futuro.

En esta Evaluación del Milenio participaron cinco organismos de Naciones Unidas, organizaciones científicas internacionales, organizaciones no gubernamentales, entre estas, grupos de indígenas. Su principal objetivo fue profundizar en el conocimiento acerca del vínculo que existe entre los servicios que prestan los ecosistemas y el bienestar humano, en este objetivo se encuentra de manera implícita los aspectos sociales, económicos y culturales del entorno de cada ecosistema, es decir el país donde se encuentra, por lo anterior su acercamiento mediante el estudio científico conlleva información de las ciencias sociales y naturales. Otro de los objetivos importantes de este estudio es coadyuvar en el logro de los Objetivos del Desarrollo del Milenio de las Naciones Unidas.

A partir de lo descrito acerca del estudio Evaluación de Ecosistemas del Milenio, trabajamos en el capítulo uno la forma de abordar la problemática mundial por parte del equipo de científicos que realizaron dicha investigación, revisamos las preguntas que le dieron sentido a dicho estudio, siendo las siguientes algunas de las más relevantes:

¿Cuáles son las actuales condiciones y tendencias de los ecosistemas y del bienestar humano asociado a tales ecosistemas?

¿Cuáles son los posibles cambios a futuro que experimentarán los ecosistemas la oferta y demanda de sus servicios y los consiguientes cambios en la salud medios de subsistencia seguridad y los otros componentes del bienestar?

¿Qué podemos hacer para mejorar el bienestar y conservar los ecosistemas? ¿cuáles son las fortalezas y debilidades de las opciones de respuesta, acciones y procesos que pueden considerarse para materializar o evitar condiciones futuras específicas?

¿Cuáles son los hallazgos más sólidos y las principales incertidumbres que afectan la prestación de servicios de los ecosistemas (incluyendo los consiguientes cambios en salud medios de subsistencia y seguridad) y otras decisiones de manejo y formulación de políticas?

¿Qué herramientas y metodología elaboradas y utilizadas en la evaluación del Milenio pueden fortalecer la capacidad para evaluar ecosistemas, los servicios que estos prestan, sus impactos en el bienestar humano y las repercusiones de las opciones de respuesta?

(Walter V. Reid, 2003, p.1)

Abordamos también la reunión de Río del 2012, conocida como GEO 5, que reportó en ese año pocos avances en cuanto a revertir el daño a los ecosistemas, contaminación de mares, agua dulce y tierras de cultivo, es decir los avances no fueron significativos; todo lo contrario, se señaló la gravedad de la situación de no lograr cambio favorables, planteando la invitación a los líderes mundiales para tomar medidas que preservaran los ecosistemas, en virtud de que éstos han dado al ser humano servicios que han permitido el bienestar.

Al final del capítulo abordamos el estudio más reciente realizado por el Programa de las Naciones Unidas para el Medio Ambiente, esto es el estudio llamado GEO 6, Planeta sano, personas sanas, presentado en Nairobi, Kenia durante la IV asamblea del Programa de las Naciones Unidas para el Medio Ambiente (PNUMA), en este se presentaron los resultados de los últimos años, por supuesto los resultados son aterradores, no obstante que en algunos apartados del informe se reportan algunos resultados positivos, se reconoce también lo grave de la situación en cuanto a la contaminación del aire, sea por bióxido de carbono, por ozono o bien por otros contaminantes, dicha situación reconocen los científicos del informe, han matado mucha gente en todo el mundo, principalmente en la ciudades industrializadas; en cuanto a la biodiversidad es impactante el número de especies que se encuentran en peligro de extinción, sumando a éstas las que ya se consideran extintas. Por otra parte reportan también la contaminación de los océanos por la actividad humana, la acidificación y como consecuencia la amenaza a los ecosistemas marinos, situación de alto riesgo porque sin océanos no habría seres humanos; situación similar se reporta para las tierras de cultivo, que han sido contaminadas por agroquímicos y a fuerza de exigirle cada vez más a las tierras de cultivo se han empezado a agotar, esto con un futuro que exige que para 2050 se debe aumentar la producción de alimentos de estas tierras de cultivo y de ganadería. Como podemos ver para el 2050 la situación será sumamente difícil para la especie humana. Es importante mencionar que en ese mismo informe se anuncia una situación de emergencia y se invita a los líderes mundiales a tomar medidas que de forma urgente den marcha atrás a la situación que hoy en día prevalece, es decir es verdaderamente preocupante lo que este último reporte del GEO 6 nos reporta, es importante decir que este reporte se presentó en el mes de marzo del año 2019. Así si los líderes de todo el mundo, los organismos competentes para esta problemática siguen en su misma estrategia que ha demostrado a lo largo de 19 años que no rinde avances significativos, ni siquiera los mínimos para poder mantener en un proceso no tan vertiginoso el deterioro de los ecosistemas, no habrá un futuro de bienestar y estabilidad para el ser humano.

Así de acuerdo con lo expuesto nuestro trabajo de análisis de este estudio de la Evaluación de los ecosistemas del Milenio y los estudios del GEO 5 Y 6 se centra en mostrar cómo este tipo de investigaciones son un intento de revertir el daño que se ha generado a los ecosistemas a nivel mundial, pero que también explican el desastre ecológico a nivel mundial ya que implica la alteración de la biosfera y con ello también el cambio climático, pero sobre todo hacemos énfasis en la forma y el punto de partida para resolver el problema de todos los ecosistemas, del cambio climático implícito en ello y de la ecología en general. Nuestra descripción se centra en que dicho estudio parte de bases científicas y que, aunque sabemos que actualmente la ciencia es respetada en todas partes, es precisamente donde encontramos que está el camino equivocado para encontrar una solución a la problemática citada que implica el daño a todo el planeta por el efecto invernadero, el daño a los ecosistemas etc. En este primer capítulo develamos lo que este estudio no alcanza a ver, a saber que los mismos procedimientos y herramientas para encontrar una solución, son los mismos que nos han traído aquí, a la devastación de los bosques y las selvas, a la contaminación de los mares y del aire que respiramos, la ciencia y la técnica nos han traído hasta aquí, el equipo de científicos encargados de esta investigación quieren que la misma técnica y ciencia sean los medios para resolver tal situación, ¿será posible?, consideramos que no. El último informe de la GEO 6 presentado en marzo del (2019) nos muestra que seguirán por el mismo camino, es decir intentarán resolver la situación mediante medidas científicas y técnicas, esto no obstante que la Evaluación del Milenio se realizó hace más de una década y no se han obtenido resultados positivos significativos, los informes del GEO 5 y este último reportan algunos, pero lo cierto es que nos son significativos y la devastación de tierra, aire, mares y ecosistemas en general, seguirá. Por último, diremos que la situación de este último informe es tan delicada que, si para el 2030 no se logran cambios favorables, la especie humana estaría en un verdadero peligro ya que el deshielo del Ártico y la elevación de la temperatura harán de este mundo un lugar inhabitable para la especie humana.

En el capítulo II, abordamos la forma en que se ha concebido al mundo desde la metafísica, la relación que guarda esta con la técnica y la ciencia, esto para fundamentar el trabajo de análisis y poder realizar la descripción del fenómeno de concebir al mundo como imagen. Recurrimos al pensamiento de Heidegger, toda vez que consideramos que el trabajo de este filósofo es un parteaguas en la historia de la filosofía, a partir de él se concibe de forma diferente al ser humano, no ya como animal racional, sino como ser-ahí, Dasein, así también es relevante el análisis que hace de la ciencia y la técnica y es por esto que su pensamiento se considera uno de los más valiosos, sobre todo para el estudio de estos fenómenos que tienen tanta importancia para comprender la historia del hombre y para comprender si habrá todavía historia de la humanidad. En ese sentido hacemos un análisis y descripción del concepto de mundo; en este capítulo dos nos detenemos a estudiar la forma en que se concibe al mundo como imagen, como la totalidad de los entes, basados en el ensayo de Heidegger de 1938. *La época de la imagen del mundo* y cómo a partir de aquí la técnica y la ciencia han ido gradualmente convirtiendo el mundo, por causa de su forma de concebirlo, como un gran almacén de reservas que están dispuestas para ser consumidas o bien para guardarlas el tiempo que sea necesario, pero siempre encaminadas al consumo del ser humano, no obstante que los recursos que existen sean únicos y no renovables, tal es el caso de los combustibles fósiles, pero en general todo lo que sea consumible, sea orgánico o inorgánico, todo con el propósito de emplazar a la naturaleza para que entregue sus energías, de esta forma el mundo natural se pierde o se ha ido perdiendo y cada vez más se ha ido transformando en un mundo formado, configurado o moldeado técnicamente. En este capítulo abordamos también la esencia de la técnica basándonos en la conferencia que en 1953 dictara Heidegger en München, en ella retomamos la interpretación de Heidegger para apuntalar nuestra investigación, desde el análisis de su esencia hasta el concepto de das Gestell como estructura de emplazamiento, partiendo dicha descripción y estudio desde los orígenes del pensamiento metafísico, y cómo éste ha arremetido contra la naturaleza, situación que se hace explicita con Descartes que en su *Discurso del método*, afirma que debemos ser poseedores de la naturaleza, es decir conquistarla. Es a partir de estos conceptos que estudiamos cómo la esencia humana se ve amenazada por este pensamiento metafísico y cómo desde diferentes disciplinas ha empezado el acotamiento de la posibilidad, esto es, al agotarse los ecosistemas, al provocar el efecto invernadero el cambio climático y al contaminar el agua y el aire, las posibilidades del ser humano se estrechan, esto a nivel del ámbito de lo ecológico, pero también hay otros ámbitos desde donde esta posibilidad se acota: la ciencias naturales, concretamente la ingeniería genética y biología sintética, en su afán de "mejorar " la salud humana ha iniciado un nuevo camino que puede llevar al hombre a crear seres que nunca antes habían existido por formación natural, es decir al manipular el código genético de animales y plantas se pueden crear organismos que nuestra imaginación aun no alcanza a visualizar; lo relevante de esto es que lo que aparece como el peligro más grande es la perdida de la esencia humana, es decir la posibilidad y con esto tendríamos que pensar cómo será el "nuevo Hombre" ese hombre que forjado con el argumento de "saludable" sea diferente a todos los seres humanos que han existido a lo largo de la historia, es decir la usurpación de la posibilidad de elegir formará un nuevo ser, que por cierto ni siquiera sabemos si llamarle humano porque será producto de la técnica y de la ciencia, no de lo que históricamente ha sido: producto de physis o natura. Ahora será un hombre producto de la biología sintética y en su formación de una educación que basada en un fundamento como la psicoterapia, sólo sea un ser que forme un "uno" más fuerte y sólido, que no piense diferente, que sea bien adaptado a la sociedad, dócil y fácil de manejar para que en nombre de la armonía y de la sana convivencia sea el hombre ideal, el hombre socialmente adaptado y feliz; pareciera que estamos describiendo una novela de ciencia ficción, pero lamentablemente no es así, esto que ahora describimos ya está aquí, no sabemos, por ejemplo lo que se hace en algunos países en la investigación con embriones y no lo sabemos porque no toda investigación se reporta, pero lo que sí sabemos es que la ciencia biológica ya está en condiciones de hacer mucho de lo que hemos descrito. La parte central de este capítulo dos es precisamente el mostrar el peligro de que se pierda la esencia humana entendida como posibilidad y que si esto llegara a suceder, entonces nos encontraríamos ante un ser humano al que ya se le puede concebir como la hace la metafísica con los objetos y la tesis de Jean Paul Sartre sólo se invertiría, es decir en lugar de afirmar que la existencia precede a la esencia,

tendríamos que aceptar que la esencia precede a la existencia, esto sólo sucede con los objetos que se fabrican, es decir antes de que un carpintero fabrique una silla, él sabe que la madera que tiene será convertida en una silla, antes de su aparecer como silla ya fue determinada su esencia. Terrible sería que se pudieran crear seres humanos de esta manera, ante el tamaño del peligro nos planteamos al final de este capítulo dos si habrá una nueva forma de relacionarnos con el mundo que nos permita no sólo salvar el mundo mismo, sino salvar la esencia del hombre, es decir la posibilidad, lo descrito en este capítulo quiere dejar constancia de la actual relación que el ser humano tiene con el mundo: basada en la metafísica

Cabe mencionar que esa pregunta nos llevó a reflexionar sobre cuál sería el camino adecuado para abordar dicha problemática, es decir ¿es posible cambiar nuestra relación con el mundo? y que, por supuesto no podríamos recurrir a la ciencia ni a la técnica por lo ya expuesto anteriormente, de esta posibilidad de cambiar nuestra relación con el mundo tratamos en el capítulo III.

En el capítulo III exponemos que uno de los problemas principales del cambio climático y el daño a los ecosistemas es la forma en que concebimos al mundo, esta forma de concebirlo se origina desde la modernidad inaugurada por Descartes: el mundo se convirtió en algo opuesto al ser humano, algo externo, percibiendo a éste como la res extensa y al sujeto como la res cogitans, este esquema S-O, ha servido a la ciencia para "progresar", y sí, se ha progresado mucho, pero siendo el costo de este progreso tan alto que la humanidad, como especie está en uno de los momentos históricos de mayor riesgo, esto porque la naturaleza, y el mundo en tanto ser vivo se han visto atacados constantemente por los cambios provocados por el hombre. Así cada vez es más grave la contaminación del agua, el agotamiento de las tierras fértiles, la afectación a otras especies y en general la agresión constante a los ecosistemas y con ello el agotamiento de la biosfera. La filosofía Contemporánea a partir de Nietzsche, Husserl, Heidegger, etc. nos muestra una nueva manera de pensar, no a partir de ese esquema de Sujeto-Objeto, sino de saberse pertenecientes al mundo, ser-en-el-mundo, con conceptos como aperturidad, compuesta por los existenciarios como el encontrarse el comprender y el habla. El concepto de verdad como alétheia, así como el recuperar la pregunta por el ser, son los elementos que la filosofía contemporánea nos da para concebir el mundo desde una forma más originaria. A partir de lo planteado en el capítulo dos, la relación con el mundo desde la metafísica, consideramos que se hace necesario mostrar el camino hacia donde se deba caminar, pero primero clarificar cuál es ese camino que se debe seguir para dar marcha atrás en la situación actual, situación que ya hemos descrito ampliamente en las dos primeros capítulos y que nos ha dado un panorama general de cómo se encuentra el mundo; en este capítulo nos preguntamos si el fenómeno del cuidado es la opción a seguir, consideramos que sí, toda vez que hay una ética implícita en lo ontológico del cuidado que puede apuntalar nuestra relación con el mundo: "el pensar que piensa la verdad del ser como elemento inicial del hombre en cuanto existente es ya en sí mismo la ética originaria" (Heidegger, M.2009. p.78). Además hacemos una breve revisión de una ética que nos parecen importante porque guarda relación con el tema que ahora nosotros abordamos y que por tal virtud nos hace fijar la mirada en esta ética, nos referimos a la propuesta por Hans Jonás, que consideramos un buen intento contra los estragos que ha causado la ciencia y la técnica, pero que por tener como un elemento fundamental el temor, concretamente el temor a la destrucción del futuro de la descendencia, nos parece que no es del todo adecuada para provocar un alto en el proceso de destrucción vertiginoso. Por otra parte abordamos la propuesta de cuidar el futuro de las próximas generaciones del mismo autor y que es un punto de coincidencia del presente trabajo con el autor, es decir con la ética originaria y el fenómeno del cuidado entendido como amor y es precisamente por esto que la abordamos, es decir porque abrevamos de la misma fuente: Heidegger (en nuestro caso, el cuidado y la ética implícita), no obstante marcamos una diferencia; es importante hacer notar que estas éticas son opuestas en el sentido de que una tiene como parte fundamental el temor; la otra el cuidado; así de esta ética tomamos distancia para, al final del capítulo señalar que de forma implícita hay ya una ética en Heidegger. Ahora bien, es en este capítulo tres que proponemos la estructura del cuidado o cura como el camino a seguir para poder revertir la grave situación planetaria, que además incluye a la flora y la fauna, mares, agua dulce y calidad del viento, pero que principalmente amenaza con la extinción del ser humano de este mundo. En consecuencia, la estructura del cuidado, que no es otra cosa que el todo estructural mediante el cual se articulan los existenciarios en el habitar originario, sería el camino propuesto para la situación multicitada, es decir que el ser humano llegue por consideración de la responsabilidad, el amor, entendido éste como el dejar ser, el devolver la esencia a las cosas, al habitar originario, respetando la cuaternidad: cielo, tierra, mortales y divinos. Citamos también algunas ideas de Michel Foucault con respecto al cuidado de sí, toda vez que nos da el antecedente histórico del cuidado. Sabemos que no es fácil el hecho de tomar este camino y no lo es porque justamente en estos tiempos la técnica y la ciencia se ostentan como las únicas vías de la salvación del mundo, difícil tarea será convencer a la comunidad científica a nivel mundial de escuchar a la filosofía, difícil tarea también será convencer a los gobernantes de cada país del mundo, sobre todo a los de los países que más contaminan el planeta y que más daño han hecho por el desarrollo de su industria. Tal vez la filosofía deba tomar el papel de Sócrates como aquel que, según nos dice Foucault: "En primer lugar, esa actividad consistente en incitar a los demás a ocuparse de sí mismos es la de Sócrates, pero es la que le encargaron los dioses. Al dedicarse a ella, Sócrates no hace otra cosa que cumplir una orden, ejercer una función, ocupar un lugar (él utiliza el término taxis) qué le fue fijado por los dioses". (Foucault, M.2009). Lo único que mueve a exigir que escuchen a la filosofía es que el fin de la especie humana está ya muy cerca, esperemos que el amor por la vida provoque ese escuchar hacia lo que puede llevarnos a reencontrarnos como una especie más que debe conjugarse con la naturaleza y a respetar el entorno en cada ecosistema porque sólo mediante el cuidado podremos continuar, de otra forma tendríamos que citar las palabras de Heidegger que fueron dichas en la entrevista a la revista der Spiegel: "sólo un Dios puede salvarnos todavía"

Problema

La presente investigación tiene como finalidad estudiar la actual relación con el mundo a partir de la ontología de la técnica y la posibilidad de cambiar la relación. Este planteamiento surge de la reflexión meditativa, partiendo de la situación cada vez más catastrófica a la que hemos llegado; es decir, preguntarnos, cómo hemos llegado hasta aquí, qué nos ha traído a esta situación en la cual estamos destruyendo los ecosistemas, manipulando energía atómica (de manera irresponsable en diferentes situaciones), construyendo mundos virtuales en la red, manipulando la genética hasta llegar a la clonación (por lo pronto), qué buscamos como seres humanos o especie humana, qué pretendemos, ¿es el camino correcto o nos equivocamos? y si es necesario como respuesta a esto una nueva forma, el cuidado y su ética implícita, que nos permita una relación originaria con el mundo.

Metodología

La investigación se base en el método fenomenológico, entendida la fenomenología y de acuerdo con Heidegger, como la ciencia de los fenómenos, es decir: "permitir ver lo que se muestra, tal como se muestra por sí mismo, efectivamente por sí mismo".

el método hermenéutico fenomenológico tiene tres momentos que conforman el acceso fenomenológico, a saber: la reducción (separar ateoréticamente lo que se va a estudiar); la reconstrucción (el comprender es la base para el trabajo de fenomenología hermenéutica) y por último la destrucción fenomenológica (deconstrucción crítica de los conceptos tradicionales).

Capítulo I. La relación con el mundo en la modernidad, situación actual

En el presente capítulo haremos una descripción de la situación que guarda el planeta en cuanto a sus ecosistemas, descripción que se fundamentará en los estudios realizados por la Organización para las Naciones Unidas, por sus siglas ONU y que inicia con la Evaluación del Milenio, realizada como su nombre lo indica al inicio de este milenio, concretamente en el año 2001, con la participación de científicos de más de cien países. Es importante mencionar que ante la problemática mundial que se presenta en los ecosistemas, se recurre a la comunidad científica, toda vez que se considera, por parte de la Organización para las Naciones Unidas, que el camino de la ciencia y la tecnología es el camino por el cual se podrá detener el vertiginoso deterioro que se vine presentando en los ecosistemas del planeta, así la mencionada Evaluación del Milenio sirve de base para la toma de decisiones de los líderes mundiales y además para los acuerdos tomados en las reuniones de GEO 5 de Río, realizada en el año de 2012 y la cumbre del clima en París, (2015), así como también la de Kenia, GEO 6. De acuerdo con lo anterior este primer capítulo se centra en analizar el informe de la comisión para la Evaluación del Milenio, mismo que nos deja ver un planeta bastante afectado en sus ecosistemas y no obstante esta situación delicada los pocos avances que se tienen para revertir el citado daño a los ecosistemas, al grado de que en el último informe de la ONU, GEO 6 de Nairobi, Kenia (2019), se da la voz de alerta a nivel mundial para revertir el daño antes del 2030, de no ser así la situación para el 2050 será desastrosa, apocalíptica.

El presente análisis de la Evaluación del Milenio, mismo que ha servido de fundamento para la toma de decisiones de los líderes mundiales y para las reuniones GEO 5 de Río, la Cumbre de París y GEO 6 Nairobi, Kenia, tiene como propósito mostrar el deterioro que se ha provocado a los ecosistemas del mundo, pero también la forma en la que se pretende resolver la crítica situación que prevalece.

Para responder a las preguntas planteadas en el problema que sirve de punto de partida para la presente investigación tendríamos que partir de que mucho de lo que está sucediendo es consecuencia de los avances de la ciencia y la técnica; pero cómo la ciencia y la técnica nos han traído hasta aquí. Debemos peguntarnos seriamente y buscar una respuesta acerca de qué hemos estado haciendo en las últimas décadas desde mediados del siglo pasado; esto porque de 50 años para acá los ecosistemas se han degradado más que en otra época; qué nos ha llevado a percibir la naturaleza y el mundo como material de uso y deshecho, como materia de explotación pensando en que eso es el progreso y que vamos por buen camino al explotar los recursos naturales a través de la ciencia y la técnica. Esta forma de concebir la naturaleza empieza a mostrar sus resultados adversos y destructivos; así, la ciencia y la técnica en los últimos tiempos han mostrado su poder destructivo y no basta recordar la bomba atómica, tenemos que recordar también Chernóbil, los conflictos bélicos que como soporte tienen todos los instrumentos de guerra: llámense armas, satélites, radares etc.; la ingeniería genética o la biotecnología, que en los últimos años se ha internado en un campo muy difícil y polémico como es el de la manipulación genética, el de trabajar con embriones humanos, (de esto profundizaremos más adelante), y sus consecuencias en la existencia del hombre. El cambio climático que avanza de forma vertiginosa y la destrucción de los ecosistemas; al respecto y para iniciar la presente investigación, analizaremos el estudio citado que nos parece de suma importancia, porque nos refleja la catástrofe que estamos provocando a nivel de los ecosistemas, ya que en estos descansa el equilibrio que permite la vida. Analizaremos la EM (Evaluación de los Ecosistemas del Milenio), una investigación realizada durante cuatro años a iniativa de diferentes organismos internacionales y oficialmente propuesta por el entonces Secretario General de la ONU (Organización de las Naciones Unidas); Kofi Annan, en junio de 2001, con científicos de más de cien países, bajo una junta directiva integrada por cinco organismos de Naciones Unidas y organismos no gubernamentales; con el propósito de proporcionar información científica a los responsables de tomar decisiones; dicho estudio se publicaría en 2005 planeando realizarse una evaluación cada 5 a 10 años. Este estudio ha servido para la toma de acuerdos en la Cumbre de Río en 2012 (en esta se tomó como uno de los principales acuerdos el desarrollo sostenible) y en la Cumbre de París, en la que se toman acuerdos para evitar el cambio climático (la reducción de gases de efecto invernadero, a fin de evitar que la temperatura suba y poniendo como límite 1.5 grados), es importante señalar que en ambas cumbres se recurre a la ciencia y a la tecnología como vías para resolver esta problemática de los ecosistemas y en general del problema ecológico mundial. No obstante, los acuerdos que se han tomado en las diferentes cumbres sólo han sido eso, acuerdos y no nos dicen mucho acerca del cómo lo harían, cómo llegarían a ese cambio, por esto hemos realizado el análisis de la Evaluación del Milenio, en este estudio sí se hace todo un diagnóstico y propuestas de solución; además de que, como lo mencionamos líneas arriba, esta evaluación ha servido de base para la toma de decisiones y acuerdos de los diferentes líderes de gobierno, además de servir de base para la Cumbre de Río, la Cumbre de París y Kenia. Cinco preguntas dieron dirección al trabajo:

> ¿Cuáles son las actuales condiciones y tendencias de los ecosistemas y del bienestar humano asociado a tales ecosistemas?, ¿cuáles son los posibles cambios a futuro que experimentarán los ecosistemas, la oferta y demanda de sus servicios, y los consiguientes cambios de salud, medios de subsistencia, seguridad, y los otros componentes del bienestar?, ¿qué podemos hacer para mejorar el bienestar y conservar los ecosistemas?, ¿cuáles son las fortalezas y debilidades de las opciones de respuesta, acciones y procesos que pueden considerarse para materializar o evitar condiciones futuras específicas?, ¿cuáles son los hallazgos más sólidos y las principales incertidumbres que afectan la prestación de servicios de los ecosistemas (incluyendo los consiguientes cambios en salud, medios de subsistencia y seguridad) y otras decisiones de manejo y formulación de políticas?

Por último, se plantearon ¿qué herramientas y metodologías elaboradas y utilizadas en la EM pueden fortalecer la capacidad para evaluar ecosistemas, los servicios que estos prestan, sus impactos en el bienestar humano, y las repercusiones de las opciones de respuesta? Como podemos ver, el estudio se dispuso a investigar los cambios en los ecosistemas, pero en función de la capacidad de estos para satisfacer las necesidades humanas, al respecto nos parece importante citar:

> La humanidad desde siempre ha dependido de *los servicios que presta la biosfera* y sus ecosistemas. Más aún, la biosfera es en sí misma el resultado de la vida en la tierra. La composición de la atmósfera y el suelo, el ciclo de los elementos a través del aire y el agua, y muchos otros bienes ecológicos son el resultado de procesos orgánicos; y todos ellos se mantie-

nen y restablecen gracias a los ecosistemas orgánicos. Si bien la cultura y la tecnología permiten a la humanidad amortiguar el contacto inmediato con el ambiente, en definitiva, nuestra especie depende plenamente del flujo de los servicios que prestan los ecosistemas. (Walter V. Reid, 2003, p.1 el subrayado es nuestro)

Como podemos ver el concepto que se tiene de la biosfera y de sus ecosistemas es en función de lo que se le pueda explotar a esta; así, se le pretende llamar "servicios "a lo que en realidad es visto como lo que Heidegger llama las existencias, el provocar emplazante de das Gestell y veamos cómo desde la Asamblea General de las Naciones Unidas se tiene la misma visión del mundo:

Es imposible elaborar una política ambiental efectiva, a menos que ésta se base en información científica y rigurosa. Si bien en muchas áreas se han logrado importantes avances en la recolección de datos, aún persisten grandes vacíos en nuestro conocimiento. En particular, nunca ha habido una evaluación global que abarque los principales ecosistemas del mundo. La Evaluación de Ecosistemas del Milenio, es una enorme iniciativa colaborativa internacional que busca dar cuenta del estado de salud de nuestro planeta, es una repuesta a esta necesidad. (Kofi Annan, 2003, p.1-2)

Así la solución del deterioro de los ecosistemas se pretende restaurar con lo mismo que le ha dañado, con una visión científica, con esta visón se pretende dar cuenta del estado de salud del planeta; más adelante, en el capítulo II abordaremos lo que la ciencia y la técnica son en referencia a su esencia, es decir producto de un pensamiento binario, metafísico y el peligro de seguir en ese camino que Heidegger nos señala. Lo que nos preguntamos aquí, es cómo se pretende resolver un problema de tal magnitud, producido por este pensar metafísico calculador; con lo mismo: ciencia y técnica, pero veamos cómo plantean el problema que sirvió de eje a la Evaluación del Milenio: "Los servicios que prestan los ecosistemas son los beneficios que las personas obtienen de los ecosistemas, que la Evaluación del Milenio describe en términos de servicios de suministro, regulación, de base y culturales" (Ecosistemas y Bienestar Humano, marco para la evaluación, resumen, 2003, p.2), es muy claro cómo se percibe al mundo, como un organismo al que debemos cuidar para poder seguir explotándolo, no se habla de una relación de reciprocidad, de formar parte de él, de un sentido de pertenencia, de unidad, no, se habla de una sola dirección, de obtener de él los servicios para nuestro bienestar, así también definen el deterioro como producto de la demanda excesiva de los servicios señalados en el mismo informe; el crecimiento económico y factores demográficos; cuando en realidad es lo que de base hay en la explotación: percibir al mundo como ajeno a nosotros, lo que explica mejor el deterioro cada vez mayor de la biosfera con sus ecosistemas. Ahora vayamos al marco conceptual de este estudio: Evaluación del Milenio, es de llamar la atención que en este, el objetivo principal es "el bienestar humano" y no lo más importante: el habitar originario que implica el cuidado y respeto a la vida de todas las especies, ya que al hacerlo de esta manera quedaría incluida la vida del ser humano, pero en virtud de que a éste se le percibe como el amo y señor de lo ente, incluido el mundo como ente que contiene la totalidad de los entes, el foco de atención únicamente señala el bienestar humano. No hemos entendiendo que la armonía sólo se logrará cuando nos insertemos como parte de este mundo, como una especie más que integra el planeta y que al igual que nosotros, las demás especies merecen cuidado, respeto e igualdad en el trato ecológico ya que de este equilibrio depende nuestra vida; es decir, es el todo lo que importa, no sólo la especie humana en su bienestar, pero un bienestar mal entendido porque hasta el día de hoy ese bienestar nos está llevando cada día más a la destrucción del único mundo que tenemos; así que cabría la pregunta, cuál bienestar, hemos vivido en el error de pensar que todas las comodidades que la ciencia nos ha dado (auto, avión, barcos, televisión, teléfono, celulares, computadoras, refrigeradores, calefactores, energía nuclear, medicamentos para todo tipo de enfermedades, entre otros) es el máximo concepto de bienestar; todo lo contrario, el costo de ello recién empieza a cobrarse y es casi irreversible, cada aportación que la ciencia y la técnica han hecho al supuesto bienestar, tiene siempre un costo que repercute ya sea en los ecosistemas y/o hasta el propio organismo humano; caso concreto de los medicamentos, sabemos que todos tienen efectos colaterales, (por lo menos un gran porcentaje de ellos). Regresando al marco conceptual, la preocupación principal es que el bienestar humano se afecte en tres aspectos, primero; la seguridad, entendida ésta como el equilibrio que da el tener servicios de suministro (alimentos, agua pura, fibras, etc.), segundo; el acceso a bienes materiales básicos para una buena vida, en este caso igual que el anterior se relacionan con los servicios de suministro, así también el tercero; la salud, se basa principalmente en la producción de alimentos, agua purificada y de regulación en cuanto al clima y control de enfermedades; en los servicios culturales, en los beneficios de la recreación. En cuanto a cómo evaluaron, los integrantes del EM usaron modelos con indicadores biofísicos y socioeconómicos. Ahora bien, cinco años después, en 2005 se publicó el resultado de esta Evaluación del Milenio, veamos lo resultados de este en el resumen para los encargados de tomar decisiones, se señala la importancia de los ecosistemas, en el mismo sentido de obtener servicios de ellos, pero también el hecho de que por esto mismo, en los últimos 50 años los ecosistemas se han transformado más rápido que en ningún otro tiempo de la historia humana con las consecuencias negativas que hemos estado describiendo; se señalan tres problemas principales que vamos a citar:

> En primer lugar, de los servicios de los ecosistemas examinados por esta Evaluación, aproximadamente el 60% (15 de 24) se están degradando o se usan de manera no sostenible, con inclusión del agua dulce, la pesca de captura, la purificación del aire y del agua, la regulación del clima regional y local, los riesgos naturales y las pestes. Los costes totales de la pérdida y la degradación de estos servicios de los ecosistemas son difíciles de medir, pero los datos disponibles demuestran que son considerables y que van en aumento. Muchos servicios de los ecosistemas se han degradado como consecuencia de actuaciones llevadas a cabo para aumentar el suministro de otros servicios; como los alimentos. Estas elecciones y arreglos suelen desplazar los costos de la degradación de un grupo de personas a otro; o traspasan los costos a las generaciones futuras.

En segundo lugar, se ha establecido, aunque los datos son incompletos, que los cambios que se han hecho en los ecosistemas están aumentando la probabilidad de cambios no lineales en los mismos (incluidos cambios acelerados, abruptos y potencialmente irreversibles); que tienen consecuencias importantes para el bienestar humano. Algunos ejemplos de estos cambios son la aparición de enfermedades, las alteraciones bruscas de la calidad del agua, la creación de "zonas muertas" en las aguas costeras, el colapso de las pesquerías y los cambios en los climas regionales.

En tercer lugar, la degradación de los servicios de los ecosistemas (es decir, la merma persistente de la capacidad de un ecosistema de brindar servicios) está contribuyendo al aumento de las desigualdades y disparidades entre los grupos de personas; lo que, en ocasiones, es el principal factor causante de la pobreza y del conflicto social. Esto no significa que los cambios en los ecosistemas, como el aumento de la producción de alimentos, no hayan contribuido también a que muchas personas salgan de la pobreza o del hambre, pero esos cambios han perjudicado a muchos otros individuos y comunidades, cuya apremiante situación muchas veces se ha pasado por alto. En todas las regiones, y particularmente en el África subsahariana, la situación y la gestión de los servicios de los ecosistemas es un factor decisivo en las perspectivas de reducción de la pobreza. (Reid V. Walter, Mooney, A. Harold, Cropper, Angela. Et. al., 2003, p. 5)

Como podemos ver, esto que nos muestran los investigadores es algo que no nos sorprende, porque ya se presentaban muchos indicios desde décadas anteriores, pero esto no significa que no sea preocupante, por supuesto que lo es si el 60% de los ecosistemas está en deterioro y no es tan simple resolverlo, sobre todo si sólo se tiene cinco décadas para esto porque de no hacer nada, de acuerdo con este informe en 50 años la situación podría agravarse considerablemente, esto aun cuando la población mundial crezca más lenta en comparación con décadas anteriores y la actual; además, se espera que los generadores de cambio en los ecosistemas continúen su efecto negativo, por lo menos en la mitad del siglo, de estos, dos son los que destacan: el primero es el cambio climático y el segundo la carga excesiva de alimentos, así, se espera que si continúa el deterioro de los ecosistemas no habrá sostenibilidad ambiental y de esta dependen los servicios de los que a su vez depende la especie humana. Además de los tres problemas principales señalados arriba, la Evaluación de los Ecosistemas del Milenio llegó a cuatro conclusiones importantes:

En los últimos 50 años, los seres humanos han transformado los ecosistemas más rápida y extensamente que en ningún otro período de tiempo comparable de la historia humana, en gran parte para resolver rápidamente las demandas crecientes de alimento, agua dulce, madera, fibra y combustible. Esto ha generado una pérdida considerable y en gran medida irreversible de la diversidad de la vida sobre la Tierra.

Los cambios realizados en los ecosistemas han contribuido a obtener considerables beneficios netos en el bienestar humano y el desarrollo económico, pero estos beneficios se han obtenido con crecientes costos consistentes en la degradación de muchos servicios de los ecosistemas, un mayor riesgo de cambios no lineales, y la acentuación de la pobreza de algunos grupos de personas. Estos problemas, si no se los aborda, harán disminuir considerablemente los beneficios que las generaciones venideras obtengan de los ecosistemas.

La degradación de los servicios de los ecosistemas podría empeorar considerablemente durante la primera mitad del presente siglo y ser un obstáculo para la consecución de los Objetivos de Desarrollo del Milenio.

El desafío de revertir la degradación de los ecosistemas y al mismo tiempo satisfacer las mayores demandas de sus servicios puede ser parcialmente resuelto en algunos de los escenarios considerados por la Evaluación, pero ello requiere que se introduzcan cambios significativos en las políticas, instituciones y prácticas, cambios que actualmente no están en marcha. Existen muchas opciones para conservar o fortalecer servicios específicos de los ecosistemas de forma que se reduzcan las elecciones negativas que nos veamos obligados a hacer o que se ofrezcan sinergias positivas con otros servicios de los ecosistemas. (Reid V. Walter, Mooney, A. Harold, Cropper, Angela. Et al., 2005. p. 2)

Estas conclusiones no son nada esperanzadoras en el sentido de poder revertir el daño a los ecosistemas; respecto a la primera conclusión lo preocupante es que en los últimos 50 años los ecosistemas del mundo han cambiado más que en cualquier otro momento histórico de la especie humana; es también en este periodo cuando la técnica moderna se hizo más presente en la vida del ser humano; así, de acuerdo con este informe y agregaríamos, gracias a la ciencia y a la técnica, se han convertido más bosques y superficie en tierra laborable que en los siglos XVIII y XIX juntos. Las tierras de cultivo ocupan una cuarta parte de la superficie terrestre.

En cuanto a los arrecifes de coral de todo el planeta, el 40% se vio afectado, ya sea por pérdida o deterioro; el 35% de manglares se perdió, el 70% a nivel mundial del agua de ríos y lagos se utiliza para la agricultura, el dióxido de carbono ha aumentado en un 60% desde 1959, así también entre 1960 y el año 2000 la demanda de servicios a los ecosistemas creció debido a que la población mundial se duplicó y llegó a 6,000, (7 mil para julio de 2012 y 7.5 en 2017) millones, de personas, como consecuencia la producción de alimentos aumentó, así como el abasto de agua, la tala de árboles para la producción de papel se triplicó.

Entre las implicaciones de la conclusión número dos podemos afirmar de acuerdo con este informe que, si bien es cierto que se han obtenido beneficios de los ecosistemas, esto porque durante siglos ha sido la forma de vivir del ser humano, en el último siglo la agricultura, la pesca y la explotación de los bosques se ha visto industrializada y con ello se incrementó la velocidad del deterioro de los citados ecosistemas. En consecuencia el costo de estos beneficios es que aproximadamente el 60% de los servicios de los ecosistemas evaluados están siendo degradados; esto porque entre más se le exige a un ecosistema un servicio, más se deterioran otros, por ejemplo, el convertir bosques en tierra de cultivo cambia la disponibilidad del ecosistema o también en el caso de la exigencia de agua para el cultivo provoca que tenga que ser desviada de su curso natural y contaminada por fertilizantes; ejemplo de esto es la agricultura del Reino Unido que en 1996 como consecuencia del mal uso del agua; contaminación y eutrofización (proceso que consume el oxígeno del agua por exceso de plantas), así como mal uso del suelo provocó contaminación al aire y en general al ecosistema, generando un costo de 2, 600 millones de dólares, esto es el 9% de los ingresos anuales brutos de las explotaciones agrícolas en el decenio de 1990, de igual forma la eutrofización del agua dulce provocó, sólo en Inglaterra un costo de 105 a 160 millones de dólares por año en los 90′s, más de 77 millones de dólares por año para atender las consecuencias en el daño a los ecosistemas (Walter, *op. cit.*). Pero no sólo esto es lo grave, el informe también señala que las inundaciones e incendios han aumentado en los últimos 50 años de manera significativa, como consecuencia de los cambios en los ecosistemas, pero veamos algunas consecuencias más que dicho informe señala y que van a afectar ya de manera directa a por lo menos la mitad de este siglo:

> Las repercusiones físicas, económicas o sociales de la degradación de los servicios de los ecosistemas pueden cruzar las fronteras. Por ejemplo, la degradación de la tierra y las tormentas de polvo asociadas a ella o los incendios en un país pueden deteriorar la calidad del aire en otros países cercanos.

• La degradación de los servicios de los ecosistemas agrava la pobreza en los países en desarrollo, lo cual puede influir en los países industrializados vecinos al disminuir el crecimiento de la economía regional y al contribuir a la aparición de conflictos, o a la migración de refugiados.

• Los cambios en los ecosistemas que contribuyen a la emisión de gases de efecto de invernadero contribuyen al cambio global del clima, que afecta a todos los países.

• Muchas industrias todavía dependen directamente de los servicios de los ecosistemas. El colapso de las pesquerías, por ejemplo, ha perjudicado a muchas comunidades en los países industriales. Las perspectivas para las industrias forestal, agrícola, pesquera y del ecoturismo están directamente ligadas a los servicios de los ecosistemas, en tanto que otros sectores, como los del seguro, los bancos y la salud, se ven fuertemente influenciados, aunque en menor medida, por los cambios en los servicios de los ecosistemas.

• Las poblaciones ricas están protegidas de los efectos perjudiciales de algunos aspectos de la degradación de los ecosistemas, pero no de todos. Por ejemplo, generalmente no existen sustitutos cuando se pierden servicios culturales.

• Aun cuando la importancia económica relativa de la agricultura, la pesca y la explotación forestal está disminuyendo en los países industriales, la importancia de otros servicios de los ecosistemas, como el placer estético o las opciones recreativas, está creciendo. (Reid V. Walter, Mooney, A. Harold, Cropper, Angela. Et al., 2005, p. 12)

Respecto a este último punto pareciera optimista, debemos observar que la opción es la industrialización, es decir, que si bien es cierto que los países industriales han disminuido la explotación forestal, de pesca y de agricultura, es notorio que al dedicarse a la industria provocarán el mismo o más daño a los ecosistemas; esto porque no hay industria limpia en términos ecológicos, de acuerdo con este informe se puede afirmar que pasarán siglos para que los ecosistemas y los cambios en el clima recuperen su equilibrio. Lo anterior es verdaderamente preocupante porque las afectaciones a un ecosistema en algunos aspectos no se manifiestan de manera inmediata y no se sabe tampoco en cuanto tiempo puedan manifestarse algunas consecuencias negativas, esto nos lleva a preguntarnos si realmente hay o puede haber marcha atrás en el daño causado a los ecosistemas o solamente es una esperanza y que sólo hasta que se cumpla por lo menos otro siglo podremos saber qué tanto somos capaces como seres humanos o especie humana de revertir los cambios negativos que hemos provocado al mundo. La tercera conclusión se relaciona con esto y señala que la degradación de los servicios de los ecosistemas podría empeorar considerablemente durante la primera mitad del presente siglo; así los autores del informe afirman que para finales de este siglo el cambio climático podría afectar directamente en los servicios de los ecosistemas y la pérdida de la biodiversidad. De acuerdo con el Grupo Intergubernamental de Expertos sobre el Cambio Climático se espera un cambio en la temperatura (aumento) de entre 1.4° y 1.5°centígrados.(https://www.ipcc.ch/site/assets/uploads/sites/2/2019/09/IPCC-Special-Report-1.5-SPM_es.pdf)

Como consecuencia un aumento en el nivel del mar, el daño entonces sería para todo el mundo y no sólo para algunas regiones o ecosistemas, veamos lo siguiente:

> A medida que el cambio climático se hace más severo, los impactos dañinos sobre los servicios de los ecosistemas en todo el mundo anulan los beneficios en la mayoría de las regiones del planeta. El balance a que llega la evidencia científica sugiere que habrá un impacto significativo y dañino sobre los servicios de los ecosistemas en todo el mundo si las temperaturas medias en la superficie aumentan más de 2°

centígrados con respecto a los niveles de la era preindustrial, o si el ritmo es mayor de 0.2° centígrados por decenio de acuerdo con el Grupo Intergubernamental de Expertos sobre el Cambio Climático, (IPCC). (Walter, ibíd.)

Como un intento por revertir todo el daño causado sea este manifiesto o bien el que hasta ahora permanece oculto, pero gestándose, los autores de este informe llegaron a su cuarta conclusión, el gran reto de revertir los daños a los ecosistemas y simultáneamente obtener de ellos sus servicios, al respecto consideran que esto puede ser resuelto, pero: "ello requiere que se introduzcan cambios significativos en las políticas, instituciones y prácticas, cambios que actualmente no están en marcha. Existen muchas opciones para conservar o fortalecer servicios específicos de los ecosistemas de forma que se reduzcan las elecciones negativas que nos veamos obligados a hacer o que se ofrezcan sinergias positivas con otros servicios de los ecosistemas". (Reid V. Walter, Mooney, A. Harold, Cropper, Angela. Et al., 2005, p18), es obvio que estos cambios serán basados en lo que típicamente el ser humano utiliza para resolver sus problemas en el último siglo; la ciencia y la técnica, pero como afirman estos científicos, esos cambios no están en marcha, por lo menos hasta el 2005-2010 no había gran cosa y a la fecha, 2019-2020 tampoco se ve un gran avance en esto. Ellos propusieron cuatro escenarios en los que exploran las características impredecibles del cambio y así poder prever el futuro; los escenarios son los siguientes:

Los Escenarios de la Evaluación

La Evaluación desarrolló cuatro escenarios para explorar futuros verosímiles para los ecosistemas y el bienestar humano sobre la base de diferentes suposiciones acerca de las fuerzas generadoras de cambio y sus posibles interacciones:

Orquestación mundial – Este escenario presenta una sociedad globalmente interconectada que se concentra en el comercio mundial y la liberalización económica y adopta un enfoque reactivo a los problemas de los ecosistemas, pero también tomas serias medidas para reducir la pobreza y las desigualdades e invierte en cuestiones de interés público, como las infraestructuras y la educación. En este escenario el crecimiento económico es más alto que en cualquiera de los demás y la población en 2050 es la más baja.

Orden desde la fuerza – Este escenario presenta un mundo regionalizado y fragmentado, preocupado con la seguridad y la protección, que pone énfasis sobre todo en los mercados regionales, prestando poca atención a las cuestiones de interés público y adoptando un enfoque reactivo a los problemas de los ecosistemas. En este escenario las tasas de crecimiento económico son más bajas que en cualquiera de los demás (particularmente bajas en los países en desarrollo) y disminuyen con el tiempo, en tanto que el crecimiento de la población es el más alto.

Mosaico adaptativo – En este escenario los ecosistemas regionales a escala de las cuencas son el centro de las políticas y de la actividad económica. Se refuerzan las instituciones locales y son comunes las estrategias de gestión de los ecosistemas locales; las sociedades desarrollan un enfoque fuertemente proactivo con respecto a la gestión de los ecosistemas. Las tasas de crecimiento económico son relativamente bajas al principio, pero aumentan con el tiempo, mientras que la población en 2050 es casi tan alta como en *Orden desde la fuerza*.

Tecnojardín – Este escenario presenta un mundo globalmente interconectado que depende en gran medida de tecnologías confiables, utilizando ecosistemas altamente gestionados – recurriendo frecuentemente a arreglos de ingeniería – para obtener los servicios de los ecosistemas, y adoptando un enfoque proactivo en la gestión de estos últimos para anticiparse a los problemas. El crecimiento económico es relativamente alto y se acelera, mientras que la población en 2050 está en la mediana de los cuatro escenarios. (Reid V. Walter, Mooney, A. Harold, Cropper, Angela. Et al., 2005, p.20)

Como podemos observar estos cuatro escenarios para investigar el futuro de los ecosistemas se ubican en dos vertientes de desarrollo; por una parte, la primera; en la que el mundo se va globalizando y la segunda; en la que se va regionalizando, así como dos formas de gestión de los ecosistemas: el primero; en el que se va atendiendo la problemática de estos en la medida en que se afecten y demanden una solución y el segundo; en el que se anticipen a la problemática -los investigadores le llaman "proactiva"- y se pretende que la gestión de los ecosistemas mantengan los servicios a largo plazo. No obstante, en nuestra opinión es muy difícil llegar a esto y sólo será posible con un cambio mucho más radical que lo que estos investigadores proponen; un cambio que se aproxime a lo que la filosofía y no la ciencia proponga. La filosofía desde el camino que señaló Heidegger, la filosofía que deconstruye la tradición, buscando una nueva forma de relacionarnos con el mundo, a través de una relación originaria; contrario a la ciencia que solo explica; esta visión científica es la que se deja ver en el informe y que aborda de principio a fin la problemática como un problema para seguir explotando al mundo, a la naturaleza. Todo se habla en términos de "servicios", servicios que dan los ecosistemas al ser humano y cuando se plantean los escenarios a futuro se plantean en los mismos términos: asegurar los servicios que la naturaleza da al hombre, es decir, al bienestar del ser humano.

Consideramos que no es un servicio sino vida, es la vida la que se renueva constantemente en este ser-en-el-mundo y no es el bienestar como nos lo plantean este grupo de científicos; es la vida misma, es decir, la naturaleza, el mundo nos da vida y lo mismo deberíamos devolver a través del cuidado, como antes de la era industrial o como todavía en algunas regiones indígenas que se le percibe a la naturaleza como la madre tierra; como algo divino y se le cuida y respeta porque atentar contra ella es atentar contra nosotros mismos; esto porque somos lo mismo, somos seres en el mundo y no contra el mundo (por oposición a este y menos como agresores de él). Es esa visión equivocada y producto de percibir al mundo como objeto y mercancía que impide, primero una evaluación verdadera y segundo como consecuencia una forma también equivocada de resolver la problemática que en todo caso servirá como paliativo y que no puede durar mucho porque se desconocen las consecuencias ya desencadenas por la afectación a los ecosistemas y al cambio climático; es decir, el informe plantea la posibilidad, pero no tiene la certeza, entendida ésta desde la ciencia, de poder primero controlar y después revertir tanto el daño a los ecosistemas como el cambio climático. Se intentará revertir porque no hay alternativa, pero se desconocen las consecuencias reales de tales cambios negativos, lo peor sería terminar con el mundo o bien terminar con lo que caracteriza nuestra existencia, la posibilidad. Por último, el informe concluye con algunas propuestas por parte de los investigadores en cuanto a instituciones y gobernanza; economía e incentivos, respuestas sociales y de comportamiento, respuestas tecnológicas y respuestas basadas en el conocimiento; propuestas que tienen cada una intervención prometedora para anticiparse al futuro como se plantea en los 4 escenarios citados líneas arriba. En nuestra opinión dichas intervenciones prometedoras son como ya lo decíamos paliativos que sí podrán resolver en parte el problema o bien posponer su solución, pero en realidad no resuelve el problema de fondo que es el cómo concebimos al mundo y mientras esto no suceda, todo intento de resolver la problemática actual será sólo paliativo, aquí cabe preguntarnos si los evaluadores del milenio saben lo que signifique habitar, tal como lo plantea Heidegger, consideramos que no. Veamos estas intervenciones llamadas por los investigadores prometedoras:

Instituciones y gobernanza

Las intervenciones prometedoras incluyen:

• La inclusión de las metas de la gestión de los ecosistemas en otros sectores y dentro de los marcos más amplios de la planificación del desarrollo. Las decisiones de política pública más importantes que afectan a los ecosistemas se toman con frecuencia en organismos y en la arena política que no son los de los encargados de la protección de los ecosistemas. Por ejemplo, los documentos de estrategia de lucha contra la pobreza (DELP) preparados por los gobiernos de los países en desarrollo para el Banco Mundial y otras instituciones determinan en gran medida las prioridades de las políticas nacionales de desarrollo, pero en general en ellos no se ha tenido en cuenta la importancia de los ecosistemas para mejorar la condición humana de los sectores más pobres.

• La mayor coordinación entre los principales acuerdos multilaterales sobre el medio ambiente y entre éstos y otras instituciones internacionales económicas y sociales. Los acuerdos internacionales son indispensables para abordar las preocupaciones relativas a los ecosistemas que son de carácter trans-

43

fronterizo, pero existen numerosos obstáculos que debilitan actualmente la efectividad de aquéllos.

• La mayor transparencia y rendición de cuentas con respecto a la actuación de los gobiernos y del sector privado en lo relativo a decisiones que tienen una repercusión sobre los ecosistemas, incluso a través de una mayor participación en la toma de decisiones de los interesados directos que estén concernidos. Las leyes, políticas, instituciones y mercados que se han puesto en marcha con la participación pública en la toma de decisiones tienen mayores probabilidades de ser eficientes, y de ser percibidas como siendo justas.

Economía e incentivos

Las intervenciones de tipo económico y financiero son instrumentos poderosos para regular la utilización de los bienes y servicios de los ecosistemas. Dado que muchos de los servicios de los ecosistemas no se comercializan en los mercados, éstos no generan las señales apropiadas que podrían contribuir a una eficiente asignación y uso sostenible de los servicios.

Respuestas sociales y de comportamiento

Las respuestas sociales y de comportamiento – incluyendo las políticas demográficas, la educación pública, las acciones de la sociedad civil y la potenciación de las comunidades, las mujeres y los jóvenes – pueden ser instrumentales para responder al problema de la degradación de los ecosistemas. Por lo general estas son intervenciones iniciadas y ejecutadas por los interesados directos a través del ejercicio de sus derechos de procedimiento y democráticos con el fin de mejorar la situación de los ecosistemas y el bienestar humano.

Las intervenciones prometedoras incluyen:

• Las medidas para reducir el consumo total de servicios de los ecosistemas gestionados de manera no sostenible.

• *La comunicación y educación.* Una mejor comunicación y una mejor educación son esenciales para alcanzar los objetivos de los convenios ambientales.

• La potenciación de los grupos que dependen marcadamente de los servicios de los ecosistemas o que están afectados por su degradación, incluyendo las mujeres, los pueblos indígenas y los jóvenes.

Respuestas tecnológicas

Dada la creciente demanda de servicios de los ecosistemas y las demás presiones cada vez más intensas sobre los ecosistemas, es esencial el desarrollo y difusión de tecnologías diseñadas para aumentar la eficiencia en el uso de los recursos o reducir las repercusiones de los generadores de cambio, tales como el cambio climático y la carga de nutrientes. El cambio tecnológico ha sido esencial para satisfacer las demandas crecientes de algunos de los servicios de los ecosistemas, y la tecnología encierra una considerable promesa para satisfacer el futuro crecimiento de la demanda. Ya existen tecnologías para la reducción de la contaminación originada por los nutrientes a un costo razonable, incluyendo, por ejemplo, las tecnologías para la reducción de emisiones en las fuentes, los cambios en las prácticas de gestión y las técnicas de agricultura de precisión que ayudan a controlar la aplicación de fertilizantes en un área de cultivo, pero se necesitan nuevas políticas para que estos instrumentos se apliquen a una escala suficiente como para reducir y finalmente detener el crecimiento de la carga de los nutrientes (aun cuando se aumente el uso de los mismos en regiones relativamente pobres, tales como el África subsahariana). Sin embargo, a veces ha habido repercusiones negativas de las nuevas tecnologías sobre los ecosistemas y el bienestar humano, y por lo tanto se hace necesaria una evaluación cuidadosa antes de introducirlas.

Las intervenciones prometedoras incluyen:

• La promoción de tecnologías que permitan mayores rendimientos de las cosechas sin repercusiones negativas relativas al agua, los nutrientes y el uso de pesticidas. La expansión de la agricultura va a continuar siendo uno de los principales generadores de pérdida de la biodiversidad muy entrado el siglo XXI. El desarrollo, evaluación y difusión de tecnologías que puedan aumentar la producción sostenible de alimentos por unidad de medida, sin tener que hacer elecciones dañinas relacionadas con el consumo excesivo de agua o el uso de nutrientes o de pesticidas, van a aminorar considerablemente las presiones sobre los servicios de los ecosistemas.

• *La restauración de los servicios de los ecosistemas.* Las actividades destinadas a restaurar los ecosistemas son ahora un hecho corriente en muchos países. Se pueden establecer ecosistemas con algunas características similares a los que existían antes de la conversión y ellos pueden brindar algunos de los servicios de los ecosistemas originales. Sin embargo, el costo de la restauración es por lo general extremadamente alto comparado con el costo de prevenir la degradación de los ecosistemas. No todos los servicios pueden restaurarse y los que están severamente degradados pueden requerir un tiempo considerable para su restauración.

• *La promoción de tecnologías para aumentar le eficiencia energética y reducir las emisiones de gases con efecto invernadero.* Es técnicamente posible reducir considerablemente la emisión neta de gases con efecto invernadero gracias a una extensa gama de tecnologías en los sectores del suministro de energía, la demanda de energía y el tratamiento de desechos.

La reducción de las emisiones que se prevén de gases con efecto de invernadero requerirá una serie de tecnologías para la producción de energía, que van desde el cambio de combustibles (carbón/petróleo por gas) y un incremento en la eficiencia de las plantas generadoras, hasta el aumento del uso de las tecnologías de la energía renovable, complementado con un uso más eficiente de la energía en el transporte, los edificios y los distintos sectores industriales. También incluirá el desarrollo y uso de instituciones y políticas de apoyo para eliminar las barreras a la difusión de estas tecnologías en los mercados, un mayor financiamiento por parte de los sectores públicos y privados de la investigación y desarrollo, y una efectiva transferencia de tecnología.

Respuestas basadas en el conocimiento

> La efectiva gestión de los ecosistemas se ve limitada tanto por la falta de conocimiento e información acerca de los diferentes aspectos de los ecosistemas como por el uso inadecuado de la información de que se dispone para tomar decisiones en cuanto a la gestión". (ibidem, p.43)

Como podemos ver, la apuesta es a favor de que la tecnología salve la destrucción de los ecosistemas y de esto se desprende la pregunta; será esto posible si la misma tecnología ha provocado en mucho el proceso de destrucción, es decir se pretende que con lo mismo que se ha destruido, se detenga este proceso, se dé marcha atrás a la degradación cada vez más peligrosa de los ecosistemas, esto es, el ser humano moderno no tiene otra opción a la que recurrir, es la ciencia, es la técnica su recurso, sin advertir que esto mismo nos ha llevado a un paso de la destrucción total de los ecosistemas.

Pero esto no es todo, la vertiginosa destrucción abarca todavía más, citaremos el interesante trabajo del Dr. Tamayo que se refiere a la locura ecocida, (más adelante lo retomaremos de nuevo) para señalar la destrucción del planeta. En cuanto al calentamiento global señala el Dr. Tamayo que los gases de efecto invernadero han incrementado los fenómenos hidrometeorológicos; finalmente estos gases producirán un calentamiento global sumamente destructivo, veamos como lo describe:

> Según informan los especialistas en el clima mundial (IPCC 2001; PNUMAN/SEMARNAT 2006; Oswald 2005), los gases de efecto invernadero (CO_2, CH_4, CFC, O_3, óxidos de nitrógeno, vapor de agua, entre otros), producto no sólo del metabolismo de la vida sino, en gran medida, de nuestras

industrias, automotores, ganado y plantas generadoras de electricidad conduce a un incremento y agravación de los fenómenos hidrometeorológicos (sequías, trombas, huracanes, inundaciones, incendios forestales, ondas de calor) los cuales se han convertido en verdaderas plagas en muchas regiones de la tierra y que, con el curso de los años, han generado una creciente cantidad de "refugiados ambientales". El calentamiento global convertirá en las décadas venideras a las regiones semiáridas de la tierra en áridas y a las áridas en super áridas (Tamayo, L. 2010, p.19)

Aunado a esto, Tamayo nos señala más adelante el problema de la sobrepoblación y de cómo el crecimiento demográfico con relación a la producción de alimentos es simplemente imposible de igualarse; ya que la primera crece geométricamente mientras los alimentos no. Importante también es decir, de acuerdo con el autor citado, que hay enfermedades emergentes; de lo que él describe nos permitiremos citar un párrafo ya que toca un tema de esta destrucción masiva de la vida en el planeta y que en un tiempo corto podría acabar con la vida de muchos seres humanos: "La reciente aparición de la "gripe porcina" o "influenza mexicana" es un claro ejemplo de epidemia antropogénica pues, tal y como muchos especialistas han afirmado, este virus nuevo es un derivado de las prácticas agroindustriales modernas" (Tamayo, *op.cit.* p. 23). Pero si a eso le sumamos la manipulación genética de vegetales y animales podemos afirmar que no estamos lejos de desatar enfermedades nuevas y con un poder de destrucción tan veloz que tal vez ya no se alcance a encontrar cura alguna; al respecto dice Tamayo:

El nuevo virus que se presentó en México en abril de 2009 y ahora azota a toda la humanidad, es un derivado directo de la manera como se producen los alimentos en la agroindustria moderna. Y si este virus, afortunadamente, ahora se

> revela con poca carga letal, no tardará en aparecer otro que sí lo posea dado que las medidas que la mayoría de los gobiernos están implementando contra tales virus mutantes no atacan verdaderamente el problema. (*Op.cit.* p. 24)

La cita parece profética, dada la situación que actualmente estamos viviendo en todo el mundo con el nuevo virus COVID 19, que es letal para personas afectadas por enfermedades crónicas y de más de 60 años, no sabemos aún las consecuencias que este nuevo virus vaya a provocar en la forma en que habitamos, cómo saldremos del confinamiento y qué cambiará en nuestras vidas y si, como lo describe la cita, se presenten nuevos virus y más letales; esto nos permite afirmar que cada vez estamos más cerca de una situación catastrófica, pero en este peligro lo único que nos está salvando (porque la vacuna está en desarrollo) es el cuidado de sí, de esto trataremos en el capítulo tres. Más adelante el autor nos señala otro aspecto importante en esta descripción de la destrucción del planeta y se refiere al envenenamiento de la tierra por los pesticidas provocando con ello envenenamiento también del agua; y en consecuencia malformaciones y proliferación del cáncer en diversas poblaciones, es decir, en este querer arrancarle lo más que se pueda a la tierra los alimentos tales como verduras, frutas, cereales y otros, se atenta en contra de ella, se le exige, se le emplaza, se le provoca, pero también se le está agotando, se le está matando gradualmente, ya no es la madre tierra a la que se le respetaba, no, ahora es la tierra en términos de lo que se pueda explotar de ella, es el invernadero, es el emplazarla a que dé hasta lo que ya no puede dar y lo que nunca podría dar; pero se le obliga a dar, llevándola, como decíamos líneas arriba, al agotamiento, a la muerte. Retomando la pregunta hecha líneas arriba, respecto al habitar, nos cuestionamos si esto es habitar el mundo, tal vez sí, tal vez sea una forma de habitarlo, como animales racionales, recordemos las palabras de Heidegger: "...la manera según la cual los hombres somos en la tierra es el buan, el habitar". (Heidegger, 2007, p. 46)

Otro aspecto importante que nos señala el mismo autor en su estudio es la crisis energética; nos dice que la humanidad se ha apoyado totalmente en este recurso energético desde hace relativamente poco tiempo, aproximadamente un siglo y medio, pero que se ha convertido en el recurso más importante a partir del siglo XX al grado de llegar a depender de este recurso en diversas áreas de nuestra vida, pero siendo este un recurso no renovable al final nos encontraremos con una crisis tan terrible que podría paralizar la vida económica y con ello las consecuencias obvias del ataque constante al planeta; a sus recursos, a su naturaleza:

> El mundo en el que vivimos existe gracias al petróleo. Con petróleo no sólo nos transportamos y se genera la mayoría de nuestra energía eléctrica, son petróleo nuestros plásticos, el gas de nuestra estufas y calentadores, gran cantidad de nuestras telas y hasta las suelas de nuestros zapatos. También con petróleo se transportan las mercancías que consumimos y se fertilizan, siembran y cosechan nuestros campos. El hombre moderno prácticamente come gracias al petróleo. Es por tal razón que su eventual desaparición tendrá un impacto incalculable. (Tamayo, íbíd. p.28)

Recapitulando podemos decir que el planeta está en una situación crítica, al borde de la destrucción total, afectado en sus ecosistemas por el calentamiento global, envenenando la tierra y el agua, con sobrepoblación, y con el problema de producir cada vez más alimentos aun cuando se tenga que modificar el código genético de vegetales. Sumado a lo anterior la crisis energética debido a que el petróleo está por agotarse, con todo lo descrito la pregunta es, cómo llegamos hasta aquí, qué ha pasado con el ser humano como agente responsable de toda esta catástrofe, por qué aun sabiendo que hay un límite del no retorno seguimos en este mismo camino. Será qué no somos capaces de dar marcha atrás, será que nunca hemos tenido la conciencia clara acerca de nuestro proceder con respecto a la naturaleza; a esto le llama Tamayo, ecocidio; con respecto a este término y de acuerdo con el autor, es importante mencionar que desde la Grecia antigua, se señalaba que los griegos consideraban a la muerte de la descendencia la peor de las locuras, así la locura de Dioniso provocada por Hera ilustra la citada locura máxima, de esta manera el hecho de destruir nuestro entorno ecológico es una forma de locura máxima, en el sentido de que finalmente esa destrucción llevará a la destrucción de toda la descendencia, es decir, de la destrucción de las nuevas generaciones. De hecho, ya se puede constatar que el daño es cada día mayor a nuestro entorno ecológico, así la ciencia y la técnica en los últimos tiempos han mostrado su poder destructivo y es aquí donde consideramos importante destacar que el peligro actual no sólo es la ciencia, sino que hemos aprendido a pensar a partir de este esquema y se puede afirmar también que se ha "tecnificado" todo. Todo lo vemos así, desde el esquema binario sujeto-objeto; como alternativa tendríamos que plantear nuevas formas de pensar y en consecuencia ir hacia una nueva forma de relacionarnos con el mundo; una forma de ser en el mundo originaria, esto es, si reivindicamos nuestra finitud podremos habitar la tierra como lo que somos, seres finitos, mortales; veamos como lo dice Heidegger: "…estar en la tierra como mortal, significa: habitar (Heidegger, 2007 p. 46). En su escrito, *Construir, habitar, pensar*; Heidegger nos señala lo que significa la palabra habitar, nos dice que esta deriva de la palabra bauen, esta a su vez significa construir, pero también lleva implícito el cuidar, esto nos lleva a preguntarnos si hasta ahora hemos habitado originariamente, es decir cuidando (en el sentido ontológico), aquí es importante citar a Heidegger para dejar claro lo que significa el cuidar: "El cuidar en sí mismo, no consiste únicamente en no hacerle nada a lo cuidado. El verdadero cuidar es algo positivo. Y acontece cuando de antemano dejamos a algo en su esencia, cuando propiamente realbergamos algo en su esencia; cuando en correspondencia con la palabra, lo rodeamos de una protección, lo ponemos a buen recaudo" (Heidegger, ibíd. p.48). Partir de esta idea del habitar nos puede llevar a una nueva forma de relacionarnos con la naturaleza, así ya no la veríamos como lo explotable, como una especie de alacena que guarda todos los recursos explotables y obviamente no pasaría lo que actualmente con el petróleo, que está por agotarse. Una nueva forma de pensar nos podría llevar a una forma respetuosa de relacionarnos con la naturaleza, a partir también de otra forma de llegar a la verdad, no a través de la ciencia. El presente trabajo se remite a la esencia de la relación con el mundo en la modernidad porque es la época en la que mayor destrucción se ha provocado al planeta y a la vida; así partimos de la ontología de la técnica como esencia de la relación con el mundo en la modernidad, esta relación con el mundo que nos ha hecho habitar el mundo no desde la idea originaria del habitar, descrita líneas arriba, sino habitar como animales racionales, habitar desde el pensamiento binario sujeto-objeto que nos ha llevado a objetualizar todo y a percibir la naturaleza como fondo de reservas, como estante con existencias de productos, mismos que están por agotarse y con ello muchas de las especies y deterioro de los ecosistemas, pero regresemos a las preguntas planteadas: qué nos hace creer que la ciencia y la técnica nos salvarán de la catástrofe. Como describimos antes, en la Evaluación de los Ecosistemas del Milenio, se cree por parte de la Organización de las Naciones Unidas que la mejor forma de rescatar la degradación de los ecosistemas es basándonos en soluciones producto de la ciencia y la tecnología; esto nos indica que la ciencia y la técnica siguen siendo los dioses de esta era, al respecto consideramos necesario citar a Bergson:

La ciencia positiva, en efecto, es obra de la pura inteligencia. Ahora bien, acéptese o rechácese nuestra concepción de inteligencia, hay un punto que todo mundo nos concederá y es que la inteligencia se siente especialmente a gusto en presencia de la materia no organizada. De esta materia extrae mejor partido por medio de las invenciones mecánicas, y las invenciones mecánicas le resultan tanto más fáciles cuanto que piensa la materia mecánicamente. Ahora bien, cuando la inteligencia aborda el estudio de la vida, necesariamente trata lo vivo como inerte. (Bergson, 1990)

De acuerdo con la cita de Bergson la vida no es vista como una creación continua, sino como si estuviera detenido todo en el tiempo, como si un fragmento de realidad se congelara:

Como el conocimiento usual, la ciencia no retiene de las cosas más que el aspecto repetición. Si el todo original, se las arregla para analizarlo en elementos o en aspectos que sean poco más o menos la reproducción del pasado. Ella no puede operar más que sobre lo que se considera ha de repetirse, es decir, sobre lo que se sustrae, por hipótesis, a la acción de la duración. Lo que hay de irreductible y de irreversible en los momentos sucesivos de una historia, eso se le escapa. (ibíd, p. 463)

Así podemos ver que los organismos internacionales encargados del estudio y de proponer soluciones no tienen idea de lo que en esencia ciencia y técnica son, no pasa por su pensamiento que esta misma situación se ha provocado y exacerbado gracias a ellas, muestra de ello es el último informe de Rio + 20 realizada en el año 2012 en el que podemos leer claramente que se reconoce el poco avance, nosotros diríamos el fracaso, para detener el proceso de deterioro ya descrito arriba ampliamente, pero veamos lo que dice esta parte inicial del informe: "Rio, 6 de junio de 2012- *El mundo sigue precipitándose por una pendiente no sostenible* a pesar de los más de quinientos objetivos acordados a nivel internacional para respaldar la gestión sostenible del medio ambiente y mejorar el bienestar humano, según la nueva evaluación de gran alcance coordinada por el Programa de las Naciones para el Medio Ambiente (PNUMA)" (perspectivas para el medio ambiente mundial, UNEP, GEO 5, www. unep.org/geo, el subrayado es nuestro). Importante también es citar que, de los noventa objetivos ambientales más importantes, únicamente en cuatro lograron un avance supuestamente significativo y decimos supuestamente porque los procesos ecológicos forman un todo, si de noventa se avanza en cuatro, no servirá de mucho porque el resto finalmente llevará al fracaso a los cuatro por su interrelación como ecosistema. En cuanto al cambio climático se encuentra, según este informe, entre los veinticuatro objetivos con mínimos avances, al respecto el Secretario General Adjunto de las Naciones Unidas, Achim Steiner declaró lo siguiente: "Si seguimos por este camino, si no somos capaces de invertir y disociar las pautas actuales de producción y consumo de los recursos naturales, los gobiernos presidirán niveles de deterioro y degradación sin precedentes" (Walter, ibíd.). No obstante, lo anterior, en ese informe se muestran optimistas al afirmar que para mediados del presente siglo se podrán alcanzar los numerosos objetivos en materia de sustentabilidad; situación, consideramos, ilusoria porque si en siete años no hubo avances importantes y en cuatro, avances regulares, consideramos que esos personajes responsables de atender esta situación no terminan de comprender la magnitud del problema a la que se están enfrentando. A continuación, nos permitiremos citar algunos de los aspectos más importantes del informe para mostrar el gran problema que prevalece. En cuanto al estado del medio ambiente señala:

> Los datos científicos muestran que se está empujando a los sistemas terrestres a sus límites biofísicos, que ya casi se han alcanzado y, en algunos casos, incluso superado.

Atmosfera: de los nueve objetivos atmosféricos acordados a nivel internacional, sólo se aprecian avances significativos en la eliminación de sustancias que agotan la capa de ozono y en la supresión del plomo en la gasolina. Por el contrario, poco o nada se ha avanzado con respecto a la contaminación del aire interior, el cambio climático, si no se cambian los modelos actuales, las emisiones de gases de efecto invernadero pueden duplicarse en los próximos 50 años, lo que provocará un aumento de 3 grados centígrados o más de la temperatura del planeta hacia finales del siglo y otros problemas de gran importancia.

Tierra: a pesar de que apenas se ha avanzado para hacer frente a la desertización y sequías, la excesiva demanda de alimentos, piensos, combustible y materias primas intensifica las presiones sobre la tierra, lo cual conduce a la reforestación. Diversidad biológica, el mundo no ha alcanzado el Objetivo de Desarrollo del Milenio (ODM) que perseguía la reducción significativa de la tasa de pérdida de diversidad biológica en 2010. Agua, sólo uno de los treinta objetivos ambientales analizados a este respecto -mayor acceso a agua potable- muestra un avance significativo. (Ibid.)

Por último, citaremos el más reciente estudio realizado por el Programa de las Naciones Unidas para el Medio Ambiente, este es el estudio llamado GEO 6, Planeta sano, personas sanas. Los resultados se presentaron en el año de 2019, estos son verdaderamente preocupantes y desalentadores. Es relevante mencionar que dicho estudio se realizó por acuerdo de los Estados miembros de este órgano de Naciones Unidas, entre uno de sus propósitos fundamentales está el que los resultados de la citada investigación sirvan para que los líderes mundiales tengan elementos en su toma de decisiones:

El grupo estuvo compuesto por 22 distinguidos científicos que celebraron cinco reuniones presenciales. El grupo estuvo encargado de prestar asesoramiento sobre la credibilidad científica del proceso de evaluación. El grupo también proporcionó asesoramiento científico; normas y directrices para el proceso de evaluación y examen; y examinó las conclusiones de la evaluación de mitad de período del proceso de evaluación.

El grupo de trabajo, compuesto por 12 profesionales, celebró tres reuniones presenciales entre 2015 y 2018 y prestó apoyo y orientación al proceso de evaluación sobre la utilización de conjuntos de datos básicos e indicadores. El resumen para los encargados de la formulación de políticas es coherente con las conclusiones de la evaluación del GEO 6, en cuyos datos se basa. El resumen para responsables de políticas del informe GEO 6 fue negociado y aprobado en una reunión intergubernamental celebrada en Nairobi del 21 al 24 de enero de 2019".

(https://wedocs.unep.org/bitstream/handle/20.500.11822/27652/GEO6SPM_SP.pdf?sequence=6&isAllowed=y)

El informe lo dividieron en cuatro partes y una serie de preguntas llamadas normativas que guardan relación con anteriores propuestas para la mejora del medio ambiente; en la primera parte se evalúa el medio ambiente a nivel mundial, en la segunda parte hacen un análisis de la eficacia a las respuestas normativas, es decir que tanto lo que se ha hecho ha servido para resolver el problema, en la parte tres se revisan las hipótesis planteadas y en función de estas la proyección para tener un mundo mejor para el 2050, además se plantearon una serie de preguntas que nombraron como normativas, estas dan sentido al estudio, es importante citar estas:

¿Cuáles son las principales causas de los cambios en el medio ambiente?

¿Cuál es el estado actual del medio ambiente, y por qué?

¿Hasta qué punto se ha cumplido con nuestros objetivos ambientales convenidos internacionalmente?

¿Han tenido éxito las políticas ambientales?

En términos normativos, ¿cuáles son las lecciones aprendidas y las posibles soluciones? ¿Es suficiente la respuesta normativa actual?

¿Cuáles son las hipótesis en las que todo sigue igual, y cómo sería un futuro sostenible? ¿Cuáles son las cuestiones emergentes y las megatendencias, y cuáles sus posibles efectos?

¿Cuáles son las posibles vías para el cumplimiento de la Agenda 2030 y otros objetivos ambientales convenidos internacionalmente? (ibíd, p.5)

Una vez descritas las generalidades del estudio es importante destacar los aspectos más inquietantes de sus resultados, en este sentido nos parece obligado mencionar que aun cuando en algunas partes del informe se señala que han tenido logros en la preservación de los ecosistemas y que este éxito ha tenido relación con el apego a los lineamientos normativos, en los capítulos 4 al 9 se reconoce también que no se ha avanzado mucho en la preservación del medio ambiente:

> Sin embargo, desde que se publicara por primera vez el informe el estado general del medio ambiente ha seguido deteriorándose en todo el mundo, pese a los esfuerzos en materia de política ambiental desplegados en todos los países y regiones. Esos esfuerzos se ven dificultados por diversos factores, en particular, por las modalidades de producción y de consumo insostenibles en la mayoría de los países y por el cambio climático. En el sexto informe se llega a la conclusión de que las actividades antropógenas insostenibles realizadas en todo el mundo han degradado los ecosistemas de la Tierra y socavado los cimientos ecológicos de la sociedad. (Walter, ibíd., Capítulos 4 a 9)

De acuerdo con lo anterior podemos ver que en el mismo informe se da cuenta de la situación general del medio ambiente, así tenemos que, en cuanto al aire, las acciones del ser humano siguen contaminado con bióxido de carbono, ozono y otras emisiones que envenenan el aire, para darnos una idea de la magnitud del problema es obligado decir que los resultados de la investigación citan la cifra de muertes de entre 6 y 7 millones de seres humanos.

En cuanto a la diversidad biológica, los resultados de la investigación son también desalentadores, se informa que ha iniciado un proceso de extinción de muchas especies, esto, como es evidente, provocará una mayor desestabilización de los ecosistemas y con ello el total de la biodiversidad del planeta, esto explica en mucho la nueva aparición de enfermedades infecciosas, ya que la salud del ser humano está vinculada al equilibrio de los ecosistemas y a la biodiversidad. Parece que nada puede detener la actividad del ser humano, sobre todo las actividades de tipo tecnológico que son las que más daño están causando a la biodiversidad y a los ecosistemas, aquí es importante señalar que la actividad humana llamada por el informe antropógenas, no es otra cuestión más que la soberbia de sentirse soberanos del mundo. Lo alarmante es que esta actividad humana lleva décadas y no pude parar, las especies que están muriendo y que están llegando a la extinción también tienen derecho a estar en este mundo. De no cambiar el rumbo, la situación será, por no decir ya es, apocalíptica:

> Las poblaciones de especies están disminuyendo y las tasas de extinción de especies están aumentando. En la actualidad, se considera que el 42 % de los invertebrados terrestres, el 34 % de los invertebrados de agua dulce y el 25 % de los invertebrados marinos están en riesgo de extinción. Entre 1970 y 2014, la abundancia de las poblaciones mundiales de especies de vertebrados se redujo en promedio en un 60 %. También se ha documentado una drástica disminución de la abundancia de polinizadores. (Walter, ibíd., p.11)

El impacto de lo anterior es que los ecosistemas dejen de funcionar y dejen de dar lo que el grupo de científicos encargados de estos informes llaman, servicios.

En cuanto a los mares el problema es que el calentamiento global, la acidificación y la contaminación de los mares por la actividad humana impacte de tal forma que los ecosistemas marinos desaparezcan, situación que ya se empezó a dar y que se refleja en la extinción de muchas especies marinas. Sabemos que sin los océanos la especie humana estaría en grave riesgo de desaparecer. Pero pareciera que esto no lo alcanzan a ver algunos gobernantes que se siguen oponiendo al respeto a las especies marinas y en general al respeto por los mares y eco-sistemas marinos.

En lo que respecta a tierra y suelo tampoco hay buenas noticias, no obstante que sabemos que vivimos de los cultivos y de acuerdo con este informe, el ser humano utiliza aproximadamente el 50% de la tierra habitable para cultivos y ganadería y para el 2050 se necesitará un 50% más de producción para alimentar a los habitantes de este mundo. Nos preguntamos si podremos llegar a esa meta con el trato que se le da a la tierra, se siguen usando tóxicos en los fertilizantes y algunas compañías no se detienen ante esta situación de alarma, es obvio que está primero el interés de obtener grandes ganancias en dinero aun cuando muera gente o la tierra quede contaminada.

En referencia al agua dulce la situación es también delicada, a raíz de la contaminación que desde hace décadas ha venido provocando el hombre, cada vez más el agua dulce se llena de residuos de sustancia químicas producto de la actividad industrial que hacen difícil su purificación, esto ha ido creciendo. Aunado a lo anterior, si tomamos en cuenta que por el cambio climático se están descongelando los polos, el problema de acceso al agua dulce crecerá, al respecto consideramos que si de todo lo expuesto se debe uno inquietar, alarmar o espantar, lo más terrible es que el agua dulce se contamine a niveles que provoque una situación en la que se tenga que dosificar, esto mientras la ciencia y la técnica encuentran una forma más efectiva de purificarla, de limpiarla, lo que por lógica aumentaría su precio y entonces se convertiría em el gran negocio de las grandes empresas que han sido las mismas que la han estado contaminando desde que la industria nació. Por último, quisiéramos citar una parte del informe que muestra la gravedad de la situación actual en cuanto al medio ambiente se refiere y que no sólo nos debe llevar a la reflexión, sino que también a tomar acciones en nuestro entorno:

Es necesario adoptar medidas urgentes a una escala sin precedentes para detener y revertir esa situación y proteger así la salud humana y ambiental y mantener la integridad actual y futura de los ecosistemas mundiales. Algunas de las medidas esenciales que cabe adoptar son: reducir la degradación de la tierra, la pérdida de biodiversidad y la contaminación del aire, la tierra y las aguas; mejorar la gestión del agua y de los recursos; mitigar el cambio climático y adaptase a él; usar los recursos con eficiencia; abordar la descarbonización, la desvinculación y la desintoxicación; y prevenir y gestionar los riesgos y desastres. Todas esas medidas precisan de políticas más ambiciosas y eficaces, entre otros, en los siguientes ámbitos: consumo y producción sostenibles, uso más eficiente de los recursos y mejor gestión de los recursos, gestión integrada de los ecosistemas y gestión y prevención integradas de los desechos. (ibid., p.7)

Como se puede ver retomamos los puntos más importantes para este trabajo y que tienen que ver con la cuaternidad, esto porque como nos lo señal Heidegger, el ser del hombre está o descansa en el habitar, es decir como mortales en la tierra: "pero <<en la tierra>> significa <<bajo el cielo>>. Ambas cosas co-significan <<permanecer ante los divinos>> e incluyen un <<perteneciendo a la comunidad de los hombres>>. Desde una unidad originaria pertenecen los cuatro -tierra, cielo, los divinos y los mortales- a una unidad". (Heidegger, ibíd. p. 48) Así de acuerdo con lo anterior, habitar es cuidar, pero este cuidar es o abarca a los cuatro componentes de la cuaternidad en unidad y aquí cabría preguntarse por qué no habitamos de esta manera originaria, qué nos ha llevado a esta penuria del agotamiento de los ecosistemas y del cambio climático; al respecto consideramos relevante uno de los últimos párrafos del ensayo de Heidegger: *Construir, habitar, pensar*, que hemos estado trabajando: "la auténtica penuria del habitar descansa en el hecho de que los mortales primero tienen que volver a

buscar la esencia del habitar, de que *tienen que aprender primero a habitar".* (Heidegger, 2017 p. 63. El subrayado es nuestro)
En consecuencia el hecho de no saber habitar nos deja ver el porqué de la situación descrita y cómo la estructura de emplazamiento está a punto de agotarlos; cielo (atmosfera, cambio climático), tierra (desertificación, diversidad biológica, agua, ecosistemas en general), mortales que se comprende claramente que son afectados en todo este entorno destructivo, pero que además tiene, como el cielo y la tierra, su muy particular forma de destrucción y emplazamiento por parte de la estructura de emplazamiento, das Gestell, esto lo abordaremos en el siguiente capítulo, así esto que acabamos de exponer es una muestra más de que la técnica y la ciencia nos han llevado hacia una situación nada agradable. No es que se deba estar en contra de la técnica, no, es el hecho de que tenemos que reflexionar nuestro destino en el mundo, es decir, cuál es el destino histórico del ser humano ligado a la técnica porque no podemos renunciar a ella, de acuerdo con esto, podemos preguntar con Heidegger, ¿cómo llega hoy a nuestra presencia el ser en el mundo técnico?, pregunta planteada en Identidad y diferencia (pp.78-79). Regresando a la pregunta inicial de nuestra relación con el mundo, es obligado citar y analizar la conferencia, que después se convierte en libro, *La época de la imagen del mundo* en donde Heidegger nos plantea lo siguiente: ¿Cuál es la esencia de la edad moderna? Para que podamos iniciar la comprensión de cómo y por qué hemos llegado a establecer una relación con el mundo que nos está llevando a la destrucción, no sólo de nosotros mismos, sino de todo el planeta. Esto nos lleva al siguiente capítulo II

Capítulo II. El pensamiento metafísico que rige la forma de relacionarse con el mundo

En el presente capítulo trataremos la relación que el ser humano tiene actualmente con el mundo, relación que se basa en la metafísica, por lo tanto, es necesario abordar, la idea de mundo, primero; desde aquella (que es la que prevalece) y segundo; desde el pensamiento de Heidegger, -que servirá como fundamento de lo que se trabajará en el capítulo III-, es decir, son dos formas de concebir al mundo: el cómo se le concibe desde la metafísica y lo que mundo es desde una forma de concebirlo originaria. Nos centraremos en la relación metafísica y sus consecuencias para el ser humano y para el mundo; esto nos servirá como punto de entrada a lo que al final del trabajo planteamos como la alternativa o mejor dicho como el camino a seguir en una relación con el mundo que sea originaria y a partir de una ética también originaria; es decir, lo que será el planteamiento fundamental de este trabajo de investigación: hacia una relación basada en el cuidado. Así, para fundamentar este capítulo recurriremos al pensamiento de Heidegger con el propósito de darle sentido a nuestro planteamiento acerca de la relación con el mundo y sus orígenes. De acuerdo con lo anterior nos debemos preguntar primero si es adecuado hablar de una relación con el mundo, diremos que si pensamos en la relación desde la metafísica, la relación sería la de un sujeto frente a un objeto llamado mundo; pero si la pensamos como una constante relación con el mundo, entendiendo la palabra constante no sólo como la frecuencia en tiempo, sino también la frecuencia en espacio, en la que ambas, tanto el tiempo como el espacio signifiquen pertenencia, entonces estaremos hablando de una relación originaria con el mundo. Pero por qué estudiar la relación con el mundo, nuestra respuesta a esta pregunta es porque ello implica una concepción del mundo y "Filosofía y concepción del mundo significan en el fondo la misma cosa, sólo que la concepción del mundo expresa con mayor claridad la naturaleza y la tarea de la filosofía. *Concepción del mundo como tarea de la filosofía:* es decir, una consideración histórica de la manera en que la filosofía ha resuelto en cada caso esta tarea". (Heidegger, M. 2005, pág. 9) En este trabajo abordaremos los dos tipos de relación, centrándonos al final en la segunda, la relación originaria con el mundo como un camino a seguir y cambiar con ello la relación que actualmente prevalece, que se funda en la metafísica tradicional.

Ahora es importante que mostremos el cómo se concibe al mundo desde la tradición metafísica para que posteriormente lleguemos al pensamiento de Heidegger y podamos describir lo que mundo es desde una forma originaria de concebirlo. Así podemos decir que mundo desde la tradición es la totalidad de los entes, como si éste fuera un recipiente en el que está contenido todo, pero además el hombre como un ente más dentro de este mundo y con una situación privilegiada que lo ha hecho sentirse el propietario de este mundo, "conquistando" a la naturaleza, es decir sintiéndose un dios terrenal que puede a su antojo destruir la vida, modificar el curso de ésta y hasta crear nuevas formas, (como lo describiremos más adelante por parte de la biología sintética), un dios que tiene frente a él un mundo para disponer de éste a su antojo: "Este estar en frente es un tener el mundo como algo en lo que el hombre se mueve, con lo que se confronta, que él domina y de lo que se sirve y a lo que al mismo tiempo está abandonado." (Heidegger, M. 2007. Pág. 226) Así podemos decir que el hombre es un ente más, pero señoreándose en su andar por el mundo gracias a la ratio o razón como su esencia. Retomando lo descrito en el trabajo *La época de la imagen del mundo*, podemos afirmar que la idea de mundo como imagen tiene como fundamento una concepción metafísica, al respecto nos señala Heidegger que en ninguna otra época se ha concebido al mundo como imagen, ni en la época antigua ni en la medieval. Es esta forma de concebir al mundo propia de nuestra época en la que el ente se representa, es por esto que el mundo se puede concebir como imagen, es decir, se puede concebir como imagen porque todo ente se puede representar y en este representar de la metafísica no hay ente que pueda quedar fuera de toda representación; así, el mundo concebido como imagen lo es no porque sea primero imagen, sino porque primero se le puede concebir como representable y por tanto como imagen, esto es, se convierte en imagen gracias a la representabilidad que permite la metafísica al privilegiar la presencia, como nos lo dice Heidegger, "se busca y encuentra el ser de lo ente en la representabilidad de lo ente" (ibid.). Y es esto precisamente que nos señala Heidegger lo que hace a lo ente ser en la representabilidad. Podemos decir que esta característica de la representabilidad nos muestra que la esencia de la Edad Moderna es la que permite que el mundo pueda concebirse como imagen; en este representar como imagen es el hombre mismo el que se pone como centro, como ente privilegiado que representa a todo lo ente como objeto. Consideramos que a la luz de lo expuesto en el primer capítulo del presente trabajo; el mundo que ha sido descrito como la totalidad de los entes, como imagen por la metafísica es también concebido como un ente él mismo, es decir, no sólo es el que contiene a manera de recipiente la totalidad de los entes, no sólo es concebido como imagen, sino que esta imagen permite concebirlo a él mismo como un ente, mismo que debe cuidarse para poder seguir obteniendo de él todos los recursos que más allá de cubrir las necesidades humanas de la población mundial sirva para almacenarlas y conservarlas para su posterior comercialización. Lo anterior significa que el mundo es para la metafísica sólo un ente más al que se le puede explotar, un ente en tanto existencia y que tal vez al agotarse como existencia se busquen nuevos entes, entiéndase nuevos mundos, para poder continuar con su explotación y visualizarlos como existencias; será posible tal situación, pareciera que es una idea salida del pensamiento de algún escritor de ciencia ficción, pero si revisamos los periódicos en sus secciones de ciencia o algunas revistas científicas podemos confirmar que esto es una actividad actual; el hombre ya está en busca de mundos similares al nuestro. Mientras nuestra forma de concebir la realidad sea a través de un pensamiento binario sujeto-objeto, nada cambiará o los cambios serán pequeños; de acuerdo con lo anterior se hace necesario citar:

> ¿Qué es eso de una imagen del mundo? Parece evidente que se trata de eso: de una imagen del mundo. Pero ¿qué significa mundo en este contexto? ¿Qué significa imagen? El mundo es aquí el nombre que se le da a lo ente en su totalidad. No se reduce al cosmos, a la naturaleza. También la historia forma parte del mundo. Pero hasta la naturaleza y la historia y su mutua y recíproca penetración y superación no consiguen agotar el mundo. En esta designación está también supuesto el fundamento del mundo, sea cual sea el tipo de relación que imaginemos del fundamento con el mundo ..." Pero el término imagen del mundo quiere decir mucho más que esto. Con esta palabra nos referimos al propio mundo, a él, lo ente en su totalidad, tal como nos resulta vinculante y nos impone su medida. (Heidegger, M. 2008, pág. 73)

Así, de acuerdo con Heidegger el fenómeno más característico de la época moderna es que el hombre conquiste al mundo como imagen, siendo el hombre en este representar la medida de todas las cosas y que gracias a la técnica y a la ciencia logre colocarse como el que conquiste al mundo, como el sujeto para un objeto, este sujeto que sería la base de todo y que determina cómo aparece la realidad, esto sin olvidar que esta forma de concebir al mundo en la época moderna tiene su raíz en el hecho de que en Platón el Eidos, aspecto o visión, permite ese representar, es decir, permite en esta época convertir al mundo en imagen. Pero es en Descartes donde encontramos la definición de mundo como res extensa:

> Las sustancias resultan accesibles en sus "atributos", y toda sustancia tiene una señalada propiedad en la que puede leerse la esencia de la sustancialidad de una determinada sustancia. ¿Cuál es esta propiedad por lo que se refiere a res corpórea? *Nempe extensio in longum, latum, profundum substantiae corporeae naturam constituit.* La extensión, a saber, en longitud, latitud y profundidad, es lo que constituye el verdadero ser de la sustancia corpórea que llamamos "mundo". (Heidegger, M. 207. p. 105)

De acuerdo con lo anterior diremos que: "En la metafísica se lleva a cabo la esencia de lo ente, así como una decisión sobre la esencia de la verdad". (Heidegger, M., 2008, p. 63) Así cada era es fundamentada a partir de cómo se interpreta lo ente, pero además la verdad, de esta forma si queremos indagar acerca de la esencia de cualquier era, se hace necesario primero saber qué interpretación de lo ente se tiene ya que a partir de esto podemos comprender los fenómenos de cada era; en consecuencia en esta era moderna tenemos que, basados en lo anterior, buscar qué interpretación se tiene del ente y la concepción de la verdad correspondiente. Procederemos, de acuerdo con Heidegger, a esa búsqueda por los fenómenos esenciales que marcan la época, él nos señala cinco; la ciencia, la técnica mecanizada, el arte convertido en objeto de vivencia, la cultura como consecuencia del obrar humano y la desdivinización o pérdida de los dioses. De los fenómenos citados centraremos nuestro estudio en la ciencia y la técnica. Iniciaremos nuestro análisis por la ciencia para luego centrarnos en la técnica debido a que es por esta vía que la catástrofe planetaria se ha hecho cada vez más amenazante para la vida, en este sentido retomamos la pregunta de Heidegger: ¿En qué consiste la esencia de la ciencia moderna? Esta pregunta nos lleva a citar lo dicho líneas arriba cuando hablamos de cómo la metafísica fundamenta una era y en ese sentido preguntarnos por el concepto de ente y verdad que sustenta a la ciencia, ahora bien, Heidegger nos señala que la esencia de la ciencia es la investigación, ésta a su vez se esencia en el proceder anticipador del conocimiento, esto es: "El proyecto va marcando la manera en que el proceder anticipador del conocimiento debe vincularse al sector abierto. Esta vinculación es el rigor de la investigación" (Heidegger, *op. cit.* pág. 65), pero para que esto ocurra es necesario que primero se proyecte un rasgo importante de los fenómenos naturales en determinada región de los entes, esto dentro del ámbito del ser, así el proyecto y el rigor, el método y la empresa son la esencia de la investigación. En cuanto al primero nos dice Heidegger se tiene ya algo, es decir, lo que se quiere realizar mediante la investigación y en este sentido nos dice la ciencia es matemática, esto en el sentido griego del término, es decir: "Ta mathemata" significa para los griegos aquello que el hombre ya conoce por adelantado cuando contempla lo ente o entra en trato con las cosas: el carácter de cuerpo de los cuerpos, lo que las plantas tienen de planta, lo animal de los animales, lo humano de los seres humanos" y también lo siguiente "no significa sólo el método, el procedimiento, porque todo proceder anticipador requiere ya un sector abierto en el que pueda moverse" así de acuerdo con lo anterior los fenómenos naturales tienen que obedecer las condiciones o reglas previamente decididas por los científicos, caso contrario se descartan. En cuanto al método, Heidegger nos señala que el método de la ciencia es el experimento y que este comienza por poner como base una ley y tiene por meta evaluar estas leyes, consideramos importante citar lo siguiente: "El experimento y la construcción teórica son pues modos de proceder, alternadamente copertenecientes, de la investigación de la naturaleza, y a estos dos modos de investigación se les llama método". (Heidegger, 2007, p.186) Y más adelante Heidegger platea la pregunta "¿Cuál es el sentido propio del método?, ¿el método es solamente un instrumento de la investigación en la ciencia natural o es aquí algo más? Y ¿el método es solamente un medio de la investigación, el cual sirve a la ciencia para su ejecución, o el método es algo más que esto? líneas adelante Heidegger da respuesta a estas preguntas. La respuesta dada es de suma importancia porque nos da claridad sobre lo qué es la ciencia y el porqué de su aspecto destructivo que abordamos al inicio de este trabajo, veamos la respuesta: "Que el método no solamente está al servicio de la ciencia, sino en cierta forma sobre ella. La ciencia es dominada por el método, ¿qué significa esto? Ninguna otra cosa, sino que el método determina en primer lugar lo que debe ser objeto de la ciencia y de qué manera le será accesible, esto es determinado en su objetualidad". (ibid., 2007, p.187) El tercer aspecto es la empresa, al respecto Heidegger nos dice que la empresa es la consecuencia de la especialización de la ciencia y que su ámbito es la universidad y los institutos de investigación, estos institutos son requeridos como necesarios porque la ciencia en sí es una empresa y no sólo porque se realice la investigación en los institutos, de esta manera la ciencia al institucionalizarse permite que a través del método el ente se objetive y con esto la investigación exige a lo ente disponerse para la representación, al respecto nos dice Heidegger: "Esta objetivación de lo ente tiene lugar en una re-presentación cuya meta es colocar a todo lo ente ante sí de tal modo que el hombre que calcula pueda estar seguro de lo ente o, lo que es lo mismo, pueda tener certeza de él". (Heidegger, M.2008, p. 72) De acuerdo con esto la ciencia en su esencia es certeza de la representación, esto es la verdad heredada de Descartes, con el hombre convertido en sujeto que representa todo objeto, por ello nos señala Heidegger que el mundo se ha convertido en imagen en la época moderna. De acuerdo con lo comentado diremos que la ciencia actual parte del concepto de calculabilidad a partir de Galileo Galilei (Heidegger, M.2007 p.41) y del trabajo de Descartes, quien centra en esa visión binaria de sujeto-objeto el acceso a la naturaleza, es decir la naturaleza estaría constituida por todo un conjunto de objetos y la mejor y única manera de acceder, de acercarse a ella es y sería a través de lo que conocemos como ciencia y que su principal instrumento es como citamos arriba, la calculabilidad que permite hacer mensurable todos los objetos que se encuentran en la naturaleza, en este sentido es necesario citar nuevamente a Heidegger:

> ya que no hay ciencia sin objeto ni concepto, pero ¿qué significa ciencia en estas objeciones? Se mienta la ciencia natural. ¿Qué pasa con esta ciencia natural? ¿Qué es lo distintivo de esta ciencia? ¿Tenían los griegos ya este concepto de ciencia? No, ¿cómo se caracteriza este concepto moderno de ciencia? Husserl definió alguna vez la ciencia como nexo de fundamentación de proposiciones verdaderas y… mediante esto ella llega a ser en primer lugar objeto y objeto de mensurabilidad y previsibilidad de todos los procesos. La suposición realizada de esta manera no es otra cosa que el acto fundamental de la objetualización de la naturaleza. La palabra objeto es, de acuerdo con la historia de la lengua, la traducción de objeto. Pero en cuanto digo objeto ya está colocada la relación con un sujeto. Objeto es confrontación para la experiencia del sujeto. (Heidegger. 2007, p.184.)

Como se puede constatar en este esquema conocer es tener representaciones de los objetos y esta concordancia entre el entendimiento y el objeto sería la verdad. De acuerdo con Heidegger el concepto tradicional sobre la verdad se fundamenta en tres tesis, consistir en la adecuación del enunciado con un estado de cosas, el ser el enunciado la sede de la verdad y ser Aristóteles el creador de este concepto, pero debemos preguntarnos si este concepto de verdad que deriva de este esquema sujeto-objeto es el correcto o es sólo que nos hemos acostumbrado a él por la inercia de haber sido formados desde nuestros primeros años en éste y su exactitud es incuestionable, veamos lo que dice Heidegger de esto antes descrito: "Lo exacto de las ciencias exactas no puede ser determinado exactamente, es decir, mediante cálculo, sino sólo ontológicamente". (Heidegger M. 2007, p. 180) De esto se puede mostrar que la verdad de la ciencia es una verdad que se relaciona con la eficiencia de sus resultados y que se requiere para que sea verdad una concordancia entre sujeto y objeto. Este tipo de verdad nos muestra toda una forma de pensar que ha sido determinante en el siglo XX y lo que va del XXI, pero qué sucede con esta forma de pensar, la creencia en general es que este tipo de pensamiento nos ha dado mucho, es decir lo producido por la ciencia: "Cuando este modo de pensar científico determina el concepto de ser humano y éste es 'investigado' de acuerdo con el modelo de círculo de leyes, como ahora sucede en la cibernética, entonces la destrucción del ser humano es perfecta. Por eso combato la ciencia, pero no la ciencia en cuanto ciencia, sino la absolutización de la ciencia natural". (Heidegger, M. 2007 p. 180) Como podemos ver las palabras de Heidegger resultan, vistas a la luz de la situación catastrófica de lo que actualmente es el mundo (casi destrucción total), dignas de tomar en cuenta porque esa destrucción a la que se refiere está por ocurrir o está en proceso de serlo. De esta manera lo que caracteriza la esencia de la época moderna, nos dice Heidegger, es que lo ente sea en la representabilidad y con ello concebir al mundo como imagen:

> Allí donde el mundo se convierte en imagen, lo ente en su totalidad está dispuesto como aquello gracias a lo que el hombre puede tomar sus disposiciones, como aquello que, por lo tanto, quiere traer y tener ante él, esto es, en un sentido decisivo, quiere situar ante sí. Imagen del mundo, comprendido esencialmente, no significa por lo tanto una imagen del mundo, sino concebir al mundo como imagen. Lo ente en su totalidad se entiende de tal manera que sólo es y puede ser desde el momento en que es puesto por el hombre que representa y produce. (Heidegger, M. 2008, p. 74)

De acuerdo con lo anterior se puede ver que lo que conocemos como ciencia moderna está determinada por una manera de ver al mundo como si dentro de nosotros hubiera un homúnculo que se asoma al mundo; con esto podríamos decir que a partir de un dualismo en que al mundo se le ve como objeto, sobre el cual el sujeto tiene el derecho de "estudiar" de "investigar" y de modificar para su beneficio la ciencia y la tecnología se han dirigido hacia la naturaleza con una actitud de conquistarla y de modificarla, así sujeto y objeto son dos elementos dependientes uno de otro, la determinación del ente como objeto depende totalmente del sujeto y se nos dice que ésta es la esencia del hombre y desde este esquema se cree que se apropia de la realidad; así este esquema en el que el hombre es sujeto y lo ente, objeto es el fundamento de la ciencia, esta ciencia que pretende estudiar la realidad y que define lo real como lo medible como lo cuantificable, es decir debe ser objetiva, así la ciencia estudia objetos y el científico cumple el papel de sujeto, además su meta final o su objetivo es el dominio total de la naturaleza, de la realidad. El hombre se ha sentido el sujeto y ha puesto a la naturaleza en posición de objeto, esta forma de pensar (como perceptores y percibidos) que se nos ha inculcado desde nuestros primeros días nos ha llevado a percibir así a la naturaleza y el mundo, pero esta forma de concebir la naturaleza empieza a mostrar sus resultados adversos y destructivos. En conclusión, si contrastamos la ciencia actual con la episteme griega podemos decir de acuerdo con el ensayo de Heidegger, *La época de la imagen del mundo* que la ciencia actual no supera sólo por ser moderna a la episteme griega, es decir la episteme griega no ha sido continuamente mejorada hasta convertirse en lo que conocemos hoy como ciencia, no, es otra manera de entender la naturaleza y su diferencia no es de grado y menos desde el supuesto progreso, así Heidegger señala:

"Carece completamente de sentido decir que la ciencia moderna es más exacta que la de la antigüedad...a nadie se le ocurriría pretender que la literatura de Shakespeare es un progreso respecto de la de Esquilo". (Ídem.)

Para terminar con la descripción de la ciencia como una de las características de la época moderna, diremos que esta tiene un papel muy importante, permitir que la edad moderna llegue a su fin, llevar al extremo el concebir al ser como ente, convertir todo en objetividad, en objeto para un sujeto y este mismo convertirse también en objeto, esto es en esencia uno de los planteamientos de este trabajo: señalar el camino por el que la metafísica llevará al hombre y que apoyada en la ciencia y en la técnica convertirá a éste en sólo un objeto, así gracias a la ciencia (y por supuesto sin desligar a la técnica) el hombre llegará a ser un objeto como cualquier otro. La época moderna se esenciará de manera vertiginosa, veamos como lo describe Heidegger: "La ciencia como investigación es una forma imprescindible de este instalarse a sí mismo en el mundo, es una de las vías por las que la Edad Moderna corre en dirección al cumplimiento de su esencia a una velocidad insospechada por los implicados en ella". (Heidegger, M., 2008, p.77) Analizaremos ahora una de las características más importantes, para este trabajo, de la época moderna, la técnica ya que es en esta que se esencia la relación con el mundo, en consecuencia afirmamos que para realizar un estudio sobre la ontología de la técnica es importante reflexionar acerca de algunas de las ideas más importantes planteadas por Heidegger y en ese camino, preguntarnos primero por lo que es la esencia de la técnica, así, este obligarse a preguntar por la esencia de la técnica nos lleva a revisar el pensamiento de Heidegger. En 1953 en Múnich, dicta la conferencia, *La pregunta por la técnica,* es en esta conferencia que Heidegger describe la esencia de la técnica en la modernidad y afirma que esta no es de orden técnico, es decir que "La técnica no es la misma cosa que la esencia de la técnica. Cuando buscamos la esencia del árbol tenemos que darnos cuenta de que aquello que prevalece en todo árbol como árbol no es a su vez un árbol que se pueda encontrar entre los árboles". (Heidegger, 2007, p.1) Pero qué es entonces la esencia, nos dice Heidegger la esencia de algo es aquello que algo es, con esto podemos revisar que la idea de esencia de la técnica como algo instrumental es limitada y no es la esencia de la técnica, en referencia a esto Heidegger nos señala que son dos las formas de concebir la técnica: "El uno dice: la técnica es un medio para unos fines. El otro dice: la técnica es un hacer del hombre. Las dos definiciones de la técnica se copertenecen". (*op.cit.* p.1) Como podemos ver la esencia trasciende el ente concreto o singular, partiendo de esto es obvio afirmar que para llegar a la esencia de la técnica no es necesario estudiar la técnica, esto porque dicha esencia no es algo técnico y aunque la definición actual es, como citamos líneas arriba, instrumental y antropológica no es ese el camino para llegar a la esencia de la técnica, porque como señala Heidegger, aun cuando esa definición sea correcta no es verdadera, ya que lo verdadero nos lleva a una relación libre con aquello que desde la esencia nos concierne. En este mismo sentido de buscar la esencia Heidegger nos dice que desde hace siglos y de acuerdo con Aristóteles todo se constituye desde cuatro causas: "1.ª La causa materialis, el material, la materia de la que está hecha, por ejemplo, una copa de plata; 2.ª La causa formal, la forma, la figura en la que entra el material; 3.ª La causa final, el fin, por ejemplo, el servicio sacrificial por medio del que la copa que se necesita está destinada, según su forma y su materia; 4.ª La causa efficiens, que produce el efecto, la copa terminada, real, el platero". (op.cit. p.8) y no obstante que se tiene la costumbre de explicar todo a partir de una sola de las causas, la efficiens. La esencia de la técnica nos dice Heidegger, se desvela si retrotraemos lo instrumental a la cuádruple causalidad, porque para Heidegger estas cuatro formas de causalidad se realizan de manera simultánea y de esta manera hacen que algo aparezca, es la forma de dejar presentarse a la cosa. Así también apoyándose en *el simposium* de Platón nos dice que a través de la poiésis es que se desvelan las cosas, todo hacer llegar a la presencia, que pasa del presente a la presencia, a través de la producción y a esto le llamamos verdad, al hecho de desvelar, de desocultar, en consecuencia, la técnica desde este punto de vista no es algo instrumental, sino que es un modo de desvelar, una "forma de desocultación". (ibíd. p. 12) Más adelante nos plantea Heidegger el hecho de que la técnica moderna es diferente de la técnica anterior y plantea la pregunta en el sentido de que si ésta, la técnica moderna, es también una forma de desocultar, para dar respuesta a esta pregunta primero señala que la técnica moderna se apoya en la ciencia exacta y plantea otra pregunta: "¿De qué esencia es la técnica moderna que puede caer en la utilización de las ciencias exactas?". (ibid. p.15) Esta última pregunta nos lleva al punto esencial de este capítulo; siguiendo el pensamiento de Heidegger diremos que la esencia de la técnica moderna es también un desocultar, pero es un desocultar diferente, es un desocultar propio de la técnica moderna y que se caracteriza por un desocultar emplazando, un emplazar provocando a la naturaleza, es decir la técnica moderna ya no deja que la naturaleza brote; le exige, la provoca, la desafía para obtener todos los recursos posibles y convertirlos en algo calculable, almacenable y al más bajo costo, así uno de los principales propósitos de la técnica moderna es almacenar (Bestand), con relación a lo expuesto consideramos importante citar lo siguiente:

> Conviene destacar que, en contraposición con el artesano, el cual se compromete con la naturaleza y sus materiales, el trabajador industrial se sumerge en la utilidad del útil fabricado en serie, encontrando en esta utilidad la esencia de su solidez. Cuando lo útil del útil se reduce al uso como utilidad, sin independencia o solidez, es la técnica la que entra en escena. En ese momento todo deviene sujeto de estudio, de costos calculables y beneficios obtenidos, en un balance final en donde se ajustan cuentas para saber si ganamos o perdimos. (Gómez-Arzapalo, F.L.2012 p.111)

De esta forma la técnica moderna modifica la misma naturaleza al grado de generar cada vez más destrucciones en los diferentes entornos ecológicos; este provocar nos está llevando a un provocar total, es decir a un desafío del planeta, visto éste como un ser vivo (que así lo concibe la biología actual), como un sólo ecosistema o biosfera y al cual se le emplaza provocando, y habría que preguntarnos si como ser vivo el planeta no gritará de manera desgarradora cuando se le provoca, así como todo ser vivo que al ser provocado aúlla, grita, gime, o esparce sustancias toxicas a manera de defensa contra su desafiante sujeto; de esta manera, pensemos: no será que el planeta con los fenómenos de cambio climático está tratando de "curar" las heridas provocadas por el hombre técnico de la modernidad, además este provocar está llevando a un agotamiento de los recursos naturales, a un límite en el que ya no hay retorno, tal es el caso del petróleo, del calentamiento global, de la destrucción de las selvas, del crecimiento de los desiertos, de la contaminación del aire en las grandes ciudades y que gradualmente afecta a otras ciudades cercanas. Este desocultar provocador de la técnica moderna al parecer nos está llevando a un grado de destrucción que probablemente no tenga retorno, esto porque el tipo de develamiento es una provocación mediante la cual se insta a la naturaleza a entregar una energía que como tal, puede ser extraída y acumulada; pero regresando al desocultar provocador, Heidegger nos plantea otra pregunta: "Ahora bien, ¿qué clase de estado de desocultamiento es propio de aquello que adviene por medio del emplazar que provoca? En todas partes se solicita que algo esté inmediatamente en el emplazamiento y que esté para ser solicitado para otra solicitación. Lo así solicitado tiene su propio lugar de estancia, su propia plaza. Lo llamamos las existencias". (Ídem, p.16) Y señala que el hombre es el que emplaza, el que provoca, pero este (el hombre) a su vez es solicitado a emplazar y en este sentido pertenece más a la categoría de las existencias que la propia naturaleza, esto es: "El hombre, al impulsar la técnica, toma parte en el solicitar como un modo del hacer salir lo oculto. Con todo, el estado de desocultamiento mismo, en cuyo interior se despliega el solicitar no es nunca un artefacto del hombre, como tampoco lo es la región que el hombre ya está atravesando cada vez que, como sujeto, se refiere a un objeto". (*op cit,* pág. 20.) Ahora bien si no es un artefacto del hombre de dónde surge, se plantea Heidegger, y nos dice que la técnica moderna es un solicitador sacar de lo oculto, un provocar que emplaza al hombre a solicitar y en este solicitar obtener lo que conocemos como existencias, esto es algo tan esencial de la técnica moderna que Heidegger lo define así: "A aquella interpelación que provoca, que coliga al hombre a solicitar lo que sale de lo oculto como existencias, lo llamamos ahora la estructura de emplazamiento (Gestell)". (*op.cit.* pág. 21) Esto nos muestra que la estructura de emplazamiento es lo que prevalece en la esencia de la técnica moderna y en su hacer salir de lo oculto se muestra como poiesis, pero es un producir que, como lo describimos antes, a través de un solicitar que provoca y que lo hace desocultar como existencias, esta sería la otra gran característica de la época moderna, en la que el hombre se encuentra emplazado a emplazar a la naturaleza, aquí habría que preguntarnos qué implicaciones tiene esto en nuestra época moderna, más allá de lo expuesto en la primera parte y que nos muestra el deterioro casi irreversible de los ecosistemas. Consideramos que hay algo más grave que está por atentar contra el propio hombre de esta época al grado de convertirlo en lo que no es, en objeto, en este sentido veamos lo que nos dice Heidegger: "La estructura de emplazamiento deforma el resplandecer y el prevalecer de la verdad. El sino que destina a la solicitación es por ello el peligro extremo. Lo peligroso no es la técnica. ...la auténtica amenaza ha abordado ya al hombre en su esencia". (Heidegger,2007, p. 31) Pero qué implicaciones tiene lo antes citado, si la auténtica amenaza ya ha abordado al hombre en su esencia, primero tendríamos que preguntarnos qué es la esencia del hombre para saber cómo lo está abordando. Sabemos, como lo citamos líneas arriba, citando a Heidegger que la esencia es aquello que algo es, pero no es suficiente para que nos quede claro con referencia al ser humano, para poder mostrar lo que la esencia del ser humano es tendremos que remitirnos a su obra *Ser y tiempo:* "el Dasein es un ente que no se limita a ponerse delante entre otros entes. Es, antes bien, un ente ónticamente señalado porque en su ser le va este su ser". (Heidegger, M. S y t. 2007, p.21), por esto el Dasein tiene que hacer su ser, es decir sorge, por esto su esencia es ser a través de hacer su ser, pero en este hacer su ser, este es apertura (erschliessen), es decir de acuerdo con Heidegger "A esta constitución del ser del Dasein es inherente, pues, tener el Dasein, en su "ser relativamente a este su ser", "una relación de ser". (ibid. p.21) Lo descrito significa que hay comprensión en esta relación de ser por la misma apertura de su ser, por esto el Dasein en su esencia está obligado y tiene que ser, en este tener que ser se hace cargo de su existencia, lo que lo lleva a elegir o no la posibilidad o posibilidades de su existencia misma, es en este sentido que la esencia del ser humano en tanto Dasein es la posibilidad, sea porque la elija, sea porque se encuentre en ellas o simplemente cae en ella, al respecto citaremos nuevamente a Heidegger:

> Y porque la definición de la esencia de este ente no puede darse indicando un "qué" de contenido material, sino que *su esencia reside en que no puede menos de ser en cada caso su ser como ser suyo*, se ha elegido para designar este ente el término Dasein, que es el término que expresa puramente el ser. El Dasein se comprende siempre a sí mismo partiendo de su existencia, *de una posibilidad de ser él mismo o no él mismo. Estas posibilidades, o las ha elegido el Dasein mismo o este ha caído en ellas o crecido en cada caso ya en ellas.* La existencia se decide exclusivamente por obra del Dasein mismo del caso en el modo del hacer o el omitir. (ibíd. p. 22, el subrayado es nuestro)

Con lo citado hemos podido mostrar la esencia del ser humano como posibilidad, pero ésta no se da en el vacío, el Dasein es ser-en-el-mundo, por esto en el irle su ser se incluyen los entes y el mundo, pero qué significa "ser- en" porque no es contener ni guardar dentro de, "ser-en" de acuerdo con Heidegger es estar familiarizado, es habitar, es ocuparse de (besorgen), en la cotidianidad del Dasein. Es una estructura del Dasein que implica mucho más que estar "junto a" o creer que el mundo es ajeno o está en el exterior a nosotros mismos y que nos contiene, pero somos opuestos, implica que como existenciario signifique "habitar cabe": "No hay nada semejante a una "contigüidad" de un ente llamado Dasein a otro ente llamado "mundo". (ibidem p. 67), pero a este "ser-en" también le pertenece el estar referido a los otros y eso nos lleva a otro existenciario, la cura, el cuidado, (Sorge) este existenciario a su vez nos lleva a otros existenciarios que componen su estructura, a saber: el encontrarse, el comprender y el habla, integrados como un todo en la cura, es decir; "La formal totalidad existenciaria del todo estructural ontológico del Dasein tiene que resumirse, por ende, en la siguiente estructura: "pre-ser-se-ya-en (el mundo) como ser cabe (los entes que hacen frente dentro del mundo)". Este ser es lo que constituye, en conclusión, el significado del término "cura", que se emplea en esta su acepción puramente ontológica existenciaria". (Heidegger, M. p. 21) Como podemos ver esta definición nos deja claro la esencia del ser humano en tanto estructura del poder ser, esto es, me proyecto eligiendo mis posibilidades, ahora bien, una vez que hemos realizado el análisis y mostrado que *la posibilidad es la esencia del ser humano* es importante retomar la cita de Heidegger de la cual parte este análisis; en la cual señala que "La auténtica amenaza ha abordado ya al hombre en su esencia". (ibid. p. 32) Si esto es así, la capacidad o la característica del ser humano, la posibilidad, se está destruyendo o qué sucede; la técnica moderna la está afectando, pero cómo está ocurriendo, en qué momento el hombre ya no está eligiendo y si no es así, quién elige por él, quién sustituye ese rasgo fundamental del ser humano que en el ejercicio de su elegir, desoculta y al desocultar ejerce la libertad, podemos decir que, retomando la esencia de la técnica, es esta la que actualmente está cambiando la esencia del hombre. Das Gestell en su coligar emplazante que en este emplazar lleva al hombre al hacer salir de lo oculto al ente en forma de existencias ha iniciado el camino al que, así lo consideramos, Heidegger se refiere al afirmar que la auténtica amenaza ha abordado al hombre en su esencia, pero cómo sucede esto, cómo podemos mostrar que la afirmación de Heidegger es algo que en la actualidad está ocurriendo. Iniciemos por mirar a nuestro entorno con el temple de ánimo comprensor, podemos ver desde esta cotidianidad

cómo la técnica ha llenado nuestras vidas en lo cotidiano, tenemos desde que el día inicia, algún aparato que nos despierte;
sea radio, televisión, reloj despertador con luz que se proyecta
al techo, otros para nuestro aseo; sucede lo mismo para desa-
yunar; aparatos que nos permiten una desayuno ultrarrápido
para inmediatamente después abordar algún medio de transporte; mecánico- eléctrico, en el trabajo de la misma manera
se hace presente en forma de prótesis la computadora; prótesis
que nos ayuda a tener memoria, a realizar cálculos, a escribir
con texto programado y a un sinfín de actividades más que
cumplen esa función de prótesis, de extensión de nuestras funciones y capacidades humanas, a lo que Freud llamó ser como
un dios con prótesis, o como lo dice Másmela: "Se ha erigido
un mundo artificial que ha reemplazado a la naturaleza, se
cuenta con una organización cada vez mayor de los computa-
dores que reproducen y sistematizan por sí mismos procesos
completos de datos, hasta el punto de presentarse como una
auto organización que sustituiría una autopoiesis o que se
identificaría incluso con ésta". (Másmela, C. 2009, p.67) Lo
peligroso de esto es que la producción o el traer-ahí-adelante
de la técnica se asemeja cada vez más a la physis, esto es, la
producción, entendida esta como el coligarse las cuatro causas
es para Heidegger lo mismo para la physis que para la téchne,
así tanto para lo que emerge de sí como para lo que es elabora-
do las cuatro causas corresponden en el traer-ahí-adelante, pero en la técnica a diferencia de la physis hay un traer-ahí-adelante caracterizado por: "Un aparecer en cuyo acontecer
interactúan un "ocultamiento" (verborgenheit) y un desocultamiento (Unverborgenheit), entre los que se presenta la osci-
lación de un "desencubrir" (das Entbergen), con el que
Heidegger hace un llamado a la palabra alétheia". (ibíd.) De
acuerdo con lo señalado el desencubrimiento funda el producir, por supuesto con los cuatro modos de causalidad ya citados, ahora bien si este desocultamiento es un acontecer de la

verdad en la téchne, en la técnica moderna este acaecer de la verdad es deformado por el emplazamiento provocador de das Gestell, provocación para un solicitar que lleve a la disponibilidad; pero regresando a nuestra pregunta cómo la esencia del hombre está siendo cambiada, al respecto es interesante lo que señala Másmela: "La esencia del hombre es determinada ahora por el ensamblaje de relaciones del Gestell que en su dinámica cumple la tarea de ejecutar el emplazamiento que provoca, es decir, que procura la producción técnica. Esta hace salir de lo oculto, pero en la medida en que provoca en el modo de la disponibilidad". (ibidem, pág.69) No obstante que esto señalado es claro, consideramos que la esencia del hombre terminará por perderse tal como la conocemos a partir de la descripción que hace de ella Heidegger en *Ser y tiempo* y que líneas arriba la hemos abordado, así consideramos de suma importancia abordar ahora el avance de la técnica porque no basta con percatarnos que nuestra vida cotidiana está inundada por la técnica, tenemos que ver hacia a dónde se dirige ya que esto nos mostrará cómo la esencia del hombre cambiará, este dirigirse es muy amplio, puesto que avanza en todas las actividades humanas, desde las más sencillas y que mencionábamos líneas arriba como el día a día, la vida laboral o productiva donde la técnica ha optimizado la fabricación en serie y cada vez más se mecaniza, se robotiza para gradualmente ir desplazando al ser humano, mismo que se va convirtiendo únicamente en vigilante de procesos de producción y estar atento a que las máquinas funcionen correctamente. Por otro lado, la industria de la guerra también se apoya cada vez más en la técnica y ahora ya a nadie sorprende el uso de drones en la guerra, que por cierto nos permite advertir que en no mucho tiempo esta industria de la guerra será cada vez más mecanizada y los soldados humanos quedarán desplazados por los drones y todo tipo de armas que serán dirigidas por programas informáticos complejos; serán guerras ganadas por la superioridad técnica, los países con mayor desarrollo técnico serán los que logren someter al contrincante, esto porque la informática es la base en mucho de la tecnología actual, su relevancia la podemos ver en la construcción de la web, la red en la que el ser humano no sólo extiende sus sentidos, sino también puede asumir otra identidad, virtual, pero que a manera de una droga le permite alejarse de su realidad y navegar en otra que puede seleccionar y "disfrutar". Sumado a lo anterior consideremos los usos cotidianos que se le da a la red; como el pago de servicios, contratar otros, privilegiar la imagen en la comunicación a través de la videoconferencia, el uso de plataformas en la educación y la supervisión o vigilancia tanto en la industria como en los hogares así, no hay actividad humana que no esté invadida por la técnica. La técnica también se hace presente en otra área importante de la vida actual del ser humano, la salud y aun cuando se pueda pensar que ésta se muestra como llena de bondades y que ofrece una solución a múltiples problemas de salud y que gracias a ella la medicina en todas sus regiones de especialidades ha logrado beneficiar a la humanidad, tendríamos que cuestionarlo, primero por todos los efectos colaterales que se provocan, pero por otra parte porque en parte es por este camino que se acerca el cambio o por lo pronto acotamiento de la esencia humana; nos referimos a la ingeniería genética, la biología sintética y la medicina que en su confluir nos están llevando hacia un cambio en la esencia del hombre, describamos un tanto más esto; la biología sintética no es otra cosa que la ingeniería de los sistemas biológicos, con esto se puede no sólo modificar los códigos genéticos de cualquier especie del planeta, también se pueden crear nuevos con funciones jamás vistas en la naturaleza. La biología sintética puede ser capaz de crear vida programada y programable, es claro que con la técnica de la biología sintética se puede realizar control de la evolución de cualquier especie, entre ellas la más importante para este estudio, la especie humana, al respecto citamos lo siguiente:

> Los productos de la biología sintética podrían ser de un orden mucho más potente e invasivo que los derivados de la biotecnología convencional. Con escasos seis años de desarrollo, la biología sintética intenta construir organismos únicos y novedosos a partir de cero. A diferencia de la ingeniería genética, que "corta y pega" los genes existentes entre las especies, la biología sintética reescribe el código de la vida creando nuevos módulos de ADN programados para autoensamblarse con otros y resultar en organismos "diseñados a medida" (principalmente virus y bacterias) capaces de realizar funciones normalmente asociadas con líneas mecánicas de producción. Ya hay muchas compañías de biología sintética que reciben fondos gubernamentales, del ejército y del sector privado. No menos de 39 compañías de síntesis de genes están fabricando ADN artificial o sus partes (oligonucleótidos). La mayor parte de este trabajo en Estados unidos se realiza en el área de Boston (donde se encuentra el Instituto Tecnológico de Massachussets), en torno al área de Berkeley, California, y en el Institute for Genomic Research de Craig Venter en Maryland. (www.grainbiodiversidad abril 2006, *Biología sintética: ¿el futuro de la vida en manos de los científicos?,* revista electrónica No 76)

Como podemos ver, la biología sintética avanza a grandes pasos y ello nos hace pensar que en muy corto tiempo el propio ser humano, con la justificación de mejorar la salud, empezará a vivir estos cambios, iniciando por evitar enfermedades hereditarias o potencialmente hereditarias y así gradualmente llegar al diseño del propio ser humano completamente. Qué pasará debemos preguntarnos, si esto sucede y es obvio que así será, cómo esto puede afectar al ser humano al grado de que afirmemos que puede cambiar su esencia; bien podemos afirmar sin temor a hacerlo porque "no se trata sólo de esperar hasta que, pasados trescientos años, se le ocurra al hombre algo, sino de, sin pretensiones proféticas, pensar el futuro a partir de los rasgos decisivos de la época actual, apenas pensados. El pensar no es pasividad, sino, en sí mismo, la acción que está en diálogo con el destino del mundo". (Heidegger, M. 1976/23) Pero retomando la pregunta, cómo puede este avance de la técnica de la biología sintética cambiar la esencia humana si por el contrario lo que los científicos afirman es que seríamos una población más sana y por tanto habría menos gastos en salud; la prevención iniciaría desde el diseño del ser humano, bien pues es precisamente en este diseño que se muestra el cambio en la esencia del ser humano, primero si quisiéramos verlo desde el punto de vista de la metafísica tradicional diríamos que la frase (invertida) de Jean Paul Sartre se convertiría en algo vigente, en este ser metafísico u objeto, esto es que la esencia precedería la existencia, con esto el ser humano pasaría a ser como un objeto más, construido a partir del diseño que permita la biología sintética, que antes de estar en este mundo se tenga la idea previa de quién va a ser y cómo va a ser, por lo menos en referencia a su biología, en su aspecto orgánico y aunque hay quien afirme que de la misma forma se podrían diseñar rasgos psicológicos nosotros dudamos de que así sea. Lo que es indudable es que la propia configuración orgánica logrará constituir un ser hecho a la carta, diseñado cual mueble deseado, cual objeto idealizado como el mejor, resistente a enfermedades, con capacidades muy desarrolladas, con piel y músculos más resistentes a la fatiga y al tiempo, con un mejor sistema inmunológico, y un sin fin de características físicas no sólo mejoradas genéticamente, sino nuevas capacidades que le permitan un dominio sobre el medio ambiente que doblegue por completo a la naturaleza, sería pues el objeto soñado. Un ser humano ya no producto del amor, de la physis, sino un objeto que emerge en su primer impulso por un científico (sujeto) o por un equipo de seres humanos que lo diseñan, sería un objeto producto de la tecno-physis, es decir del imperar de la técnica en la physis, de controlar a lo que emerge de sí y diseñar cómo va a emerger de sí, de esta manera las dos formas de poiesis que conocemos se mostrarían a partir de la ingeniería genética y biología sintética como fusionadas o aparecería una nueva forma de poiesis; la Tecnophysis, que no es otra cosa que la invasión total del provocar a la naturaleza, de exigirle para una disponibilidad, es el grado de violencia mayor hacia la physis, es entrar en el emerger de sí y objetivarlo al grado de convertirnos en objetos, en saber lo que seremos antes de aparecer, es decir la esencia precediendo a la existencia, así el ser humano sería en su relación ontológica sólo objeto; es importante citar la diferencia entre ser humano y utensilio o máquina para comprender lo expuesto: "…el organismo produce por sí mismo sus órganos, y que por tanto también se produce a sí mismo a diferencia del utensilio, que siempre tiene que ser producido por otro. Ya por eso se diferencia de la máquina". (Heidegger, M. 2007, pág. 273) De acuerdo con estas palabras de Heidegger si "tiene que ser producido por otro" entonces se es utensilio o máquina, es esto lo que sucedería con el ser humano que por intervención de la técnica y la ciencia sería producido por otro; utensilio o máquina, cualquiera de las dos opciones arremete o violenta a la esencia del ser humano, pero que escudados en la técnica y en la ciencia las verdaderas consecuencias quedarían ocultas, luego entonces y sólo de forma manifiesta quedarían expuestos motivos aparentemente buenos o de salvación de la humanidad con el argumento de que esto (la intervención en el código genético) podría evitar enfermedades por causas de accidentes genéticos que usualmente suceden, es decir esta amenaza a la esencia humana está avanzando desde el campo de la prevención de enfermedades, aparentemente como una noble función que la medicina le requiere a la biología. En la industria de la alimentación sucede algo similar, se pretende satisfacer la demanda de alimentos de alta calidad provocando cambios para que la producción aumente, el motivo verdadero no es satisfacer la alimentación o acabar con el hambre a nivel mundial, sino obtener grandes ganancias gracias a que sea posible tener en forma de existencias los productos alimenticios. Lo anterior nos muestra cómo la técnica y la ciencia, dos de los fenómenos esenciales de la edad moderna, avanzan cada vez más en la dirección que finalmente puede cambiar la esencia del ser humano, esta es la relación que guardamos con el mundo, una relación cuya esencia está fundamentada en la metafísica.

Pero consideramos importante mostrar la forma en que la metafísica tradicional afectaría a la esencia humana a través de la biología sintética a nivel ontológico; cómo se afectaría el Dasein en su esencia si se le diseña por un equipo de científicos; qué cambiaría en su vida fáctica, de acuerdo con Heidegger, como citamos anteriormente el ser-ahí:

> su esencia reside en que no puede menos de ser en cada caso su ser como ser suyo, se ha elegido para designar este ente el término Dasein, que es el término que expresa puramente el ser. El Dasein se comprende siempre a sí mismo partiendo de su existencia, de una posibilidad de ser él mismo o no él mismo. Estas posibilidades, o las ha elegido el Dasein mismo o este ha caído en ellas o crecido en cada caso ya en ellas. La existencia se decide exclusivamente por obra del Dasein mismo del caso en el modo del hacer o el omitir. (op.cit., p. 22.)

Con lo descrito hemos podido mostrar la esencia del ser humano como posibilidad, ahora debemos preguntarnos si ésta se perdería si el ser humano fuera diseñado genéticamente, porque todas sus posibilidades quedarían determinadas por una sola posibilidad, la posibilidad de ser diseñado conforme al protocolo impuesto por el equipo de científicos que aplica la técnica de la biología sintética, así cualquier posibilidad al

nacer fue ya usurpada por quienes lo diseñaron y encamina-
ron hacia determinadas posibilidades, esto no obstante que
el "zu sein" o "haber de ser" se siga presentando en el ser humano, podría el ser humano seguir haciendo su ser, pero al
haber usurpado el inicio de su existencia mediante su diseño
nos lleva a preguntarnos si no esto es un favorecer ciertas condiciones para elegir sus posibilidades y acotar otras, e incluso
intentando evitar que la finitud sea tan pronto como para otro
ser humano que no sea diseñado por la técnica de la biología
sintética, es decir la hybris humana es espantosa, aunque esto
se pueda pensar que se limita al aspecto óntico, lleva implícito
el aspecto ontológico. Esto nos recuerda la conocida novela
de Huxley, *El mundo feliz* que muestra el fin de la libertad
para elegir, pero esto es ciencia ficción, la actual época no, la
técnica contemporánea nos lleva a entender, como lo afirma
Xolocotzi Yáñez: "Si la presencia del ente era percibida desde
su carácter opositor a la subjetividad y ahí se daba la mayor
'realidad', ahora el carácter opositor ha sido sustituido por lo
que Heidegger piensa con el estar-disponible de lo constante".
(Xolocotzi, Y, A. 2009.p.59) y líneas abajo cita a Heidegger
"la relación sujeto-objeto logra así por primera vez su puro
carácter de "relación", esto es su puro carácter de comisión
[bestellungscharakter], en el cual son absorbidos, en cuanto
constantes [bestände], tanto el objeto como el sujeto. Esto no
quiere decir que la relación sujeto-objeto desaparezca, sino
que, por el contrario: ella alcanza ahora más extremo poderío,
predeterminado por el conducto [Ge-stell]". (Heidegger, M.
en Xolocotzin Y., A., 2009, p. 60) De acuerdo con lo descrito
si el Dasein ya no puede ejercer su libertad de poder ser, si ya
no puede elegir desde sí porque en cierto sentido su ser fue
determinado por la biología sintética, sería pues un ser prece-
dido en su hacerse ser, un no poder ser o un no poder hacerse
ser desde sí porque él fue optado como posibilidad, la de la
Tecnophysis y como tal consumado como posibilidad, pero

no de él sino de das Gestell. Dónde quedaría entonces el "poder-ser" del Dasein, su posibilidad de asumirse, de proyectarse, todo nos muestra que se acotaría o desaparecería y todo ser producto de esta fabricación sintética sería un ser que nunca tendría la posibilidad de elegirse en el modo de la propiedad, su no poder elegir lo dejaría sin la posibilidad de asumirse a sí mismo en una existencia auténtica y tendríamos un "Uno" más grande, más fortalecido con seres ya no sólo determinados por la biología sintética, también serían "humanos" o habría que llamarlos objetos o sujeto-objeto a los que les sería muy confortable vivir en el Das Man, que dócilmente aceptarían "lo que se viste", "lo que se come", lee, escucha, etc., etc., de tal o cual manera. Por otra parte, no sólo la biología sintética sería el peligro, hay una limitación óntica de las posibilidades a partir, como lo señala Tamayo, del agotamiento de los recursos naturales, es decir agotar los ecosistemas es obviamente disminuir posibilidades y por tanto también con esto se afectaría la esencia del hombre, al disminuir sus posibilidades de obtener agua, alimentos y oxígeno, sus posibilidades de elegir quedan disminuidas.

Lo descrito puede parecer fantasioso o no pertinente debido a que el trabajo de Heidegger inicia a partir del arrojo y si es así, podríamos decir que nada cambia porque el análisis de Heidegger es a partir del arrojo y que lo que suceda antes no importa o bien tomamos en cuenta este "antes" del arrojo porque el ser humano tiene historicidad; si fuera a partir del arrojo, sin tomar en cuenta si fue diseñado o no genéticamente nada cambia y lo descrito líneas arriba sólo sería fantasía, erróneo, exageración, pero si la historicidad nos permite ese análisis sería importante realizarlo, por lo pronto podemos dejarlo como pregunta.

Con esto terminamos de describir los dos fenómenos que, para este trabajo, se consideran los más importantes de la época moderna y con ello tenemos una comprensión de lo que sucede en esta catástrofe mundial; el cómo das Gestell ha estado destruyendo durante décadas tres de los elementos que componen la cuaternidad y el hombre sirviendo a esto sin poder habitar el mundo, al que ve como imagen, como existencias, como objeto y, de acuerdo con esto, podemos afirmar: "así cuando el Dasein busca y considera, siguiendo la huella de la naturaleza, realizándola después de investigarla como un modelo de representación, es que puede encontrarse reclamado por el modo del desvelamiento. Este lo pro-voca para abordar la naturaleza como un objeto (de investigación o de estudio), hasta que este objeto desaparezca también en el sin-objeto de las "existencias". (Gómez-Arzapalo, F.L. op.cit. p. 123)

Así de acuerdo con lo expuesto, tal vez tendríamos que pensar nuestro origen con respecto a la naturaleza y el mundo y nuestro destino o sentido, somos en el mundo o el mundo sólo es un objeto y de ser así una vez que lo terminemos, que terminemos por destruirlo, ¿tendremos otro mundo?, tendremos otro "objeto" y en ese momento nuestra soberbia como especie humana nos llevará a pensar en que el mismo sistema solar, o el cosmos es un objeto, los viajes espaciales nos dan indicio de esto. Hasta dónde llega nuestra soberbia o delirio de grandeza, aquí cabe la pregunta de si el hecho de no haberse reconocido como ser en el mundo, desde que Heidegger lo señaló, nos ha traído a la situación actual de una constante destrucción de los ecosistemas y de un camino que sólo tiene por final la destrucción del todo. Si ser en el mundo implica una cercanía que no tiene comparación, esto es, ser- en-el- mundo, significa como lo dice Heidegger, una unidad entre el ente que es el "Dasein" y el ente "mundo" tendríamos que reflexionar acerca de cuándo el ser humano se perdió en el tiempo por creer que la razón era el camino por el cual transitar hacia el ser, y en esa búsqueda de un ser objetivado que debe ser mostrado por la ciencia y la técnica o que cree ser ya el ser, es decir el ser es lo objetualizado; contrario a esto si nos ubicáramos como ser-en-el-mundo, comprenderíamos que hay una unidad con el mundo, que no se puede fragmentar, es decir que formamos parte del todo y como tal nuestra meta no es la conquista de la naturaleza sino el sentirse y entenderse como parte de este todo que es el mundo y si realmente queremos entender y comprender la naturaleza no tenemos que destruirla en "bien" de la humanidad; tenemos que conjugarnos, integrarnos con ella y además por lo menos intentar interpretarla. Diremos entonces, ser-en-el mundo- es tener la conexión con el todo y este ser-en-el-mundo aun cuando tiene diferentes formas de ser en, como producir algo, encargarse o cuidar de algo, etc. si lo reconocemos como estructura del Dasein, entonces nos lleva a la reflexión de que no podemos teoretizar al mundo como un objeto y por supuesto a todos los entes intramundanos, ni son objetos ni nosotros somos dioses que percibimos todo y que decidimos qué hacer con esos objetos; tenemos que alcanzar a comprender la estructura esencial del Dasein como ser-en-el-mundo para entender que nuestra espacialidad existenciaria es esa: ser-en-el-mundo, es decir, la facticidad, no así el conocimiento que sólo es posible a partir del modo de ser-en-el-mundo del Dasein y no como lo plantea la filosofía tradicional del sujeto-objeto.

Consideramos que sólo somos seres arrojados al mundo, seres en estado de arrojo y que sólo tenemos este mundo, que habría que reflexionar profundamente acerca de qué sentido tiene nuestra existencia en este cosmos, qué sentido tiene la destrucción de nuestro entorno ecológico, si es que el tiempo nos permite tal reflexión, tal vez nos hemos retrasado cientos de años en el tiempo para la reflexión sobre nuestro ser, sobre nuestra existencia pero la soberbia del ser humano no es nueva y ésta lo ha hecho concebirse como lo dice Freud, en las tres humillaciones del narcisismo humano: primero centro del universo, idea derrumbada por Copérnico, después con Descartes se creyó ser racional y por último sin nexo alguno con las otras especies y con alma inmortal, idea derrumbada por Darwin, y aunque el psicoanálisis de Freud derrumba la idea de racional, es sólo un aspecto de lo que no somos, falta ubicarnos como seres en un todo, partiendo del sentirse y pensarse ser-en-el-mundo. Si no somos el centro del universo, si no somos seres divinos, sólo una especie más en este mundo, y si no somos seres racionales, dueños de su razón y conscientes, sino que estamos divididos y en gran medida somos inconscientes, entonces ¿qué somos? Para responder a esta pregunta regreso a la idea de Heidegger, somos simple y sencillamente seres arrojados, solos y acotados por la temporalidad y la finitud, somos "seres relativamente a la muerte". Por último, quisiera agregar que, si como seres humanos no repensamos nuestra existencia, poco serviría el reflexionar sobre la filosofía, porque finalmente la filosofía nos lleva a reflexionar sobre nuestra vida y ahora esto es apremiante por el ecocidio que estamos provocando. Así, el estudio de la Evaluación del Milenio nos ilustra en el sentido o desde la perspectiva ecológica, científica acerca del porqué de esta destrucción, pero importante para nosotros es verlo desde la perspectiva ontológica, desde la esencia de la técnica (ya abordadas líneas arriba) y sobre por qué ésta como figura acabada de la metafísica marca nuestra relación con el mundo en la modernidad y es precisamente en esta época en la que estamos a punto de la destrucción total del planeta y la vida.

Mundo desde lo originario

Hasta aquí hemos descrito la forma en que la metafísica concibe al mundo. Consideramos ahora que si está forma de concebir al mundo es una forma que nos ha llevado a una condición de relacionarnos con el mundo que casi llega a la destrucción de este, entonces cabría preguntarnos si hay otro camino, si hay otra forma de concebirlo; creemos que ahora es pertinente mostrar la forma originaria en que se concibe al mundo, para ello nos seguiremos apoyando en el pensamiento de Heidegger. Si el mundo no es la totalidad de los entes tal y como lo define la metafísica, entonces qué es mundo, cómo concebirlo, se puede pensar de otra forma que no sea a partir de la representación, es posible dejar de concebirlo como imagen, de acuerdo con el pensamiento de Heidegger consideramos que sí.

Para iniciar diremos que para Heidegger el mundo no es como se ha concebido desde la tradición metafísica, los entes o cosas que están ahí como si estuvieran contenidas en un gran recipiente, para Heidegger el mundo es un fenómeno y en ese sentido describe lo que es el mundo desde una forma de concebirlo originaria, en este mismo sentido nos señala que el mundo es una red de significaciones o un horizonte de significados, además el mundo es parte constitutiva del Dasein, es decir hay una estructura fundamental: "ser-en-el-mundo" a la que pertenece el Dasein, esto significa que la estructura está configurada como unidad, pero antes de continuar en esta descripción de lo que es el mundo como fenómeno, es importante citar las connotaciones que tiene la palabra mundo para evitar equivocarnos en los elementos que nos permitan concebirlo de acuerdo con lo expuesto líneas arriba, es decir desde la estructura de ser-en-el-mundo:

> Del examen hecho y referido empleo de la palabra "mundo" salta a la vista la equivocidad de ésta. El desenmarañar esta equivocidad puede llevarse a cabo en forma de un índice de los fenómenos mentados en las diversas significaciones y de las relaciones entre ellos.

> 1. "Mundo" se emplea como concepto óntico y entonces significa la totalidad de los entes que pueden ser "ante los ojos" dentro del mundo.

2. "Mundo" funciona como término ontológico y entonces significa el ser de los entes aludidos en el número 1. En este caso puede "mundo" ser el nombre de toda región que abarque una multiplicidad de entes; por ejemplo, significa "mundo" al hablar del "mundo" del matemático, la región de los posibles objetos de la matemática.

3. "Mundo" puede comprenderse de nuevo en un sentido óntico, mas ahora no como los entes que el "ser ahí", por esencia, no es, y que pueden hacer frente dentro del mundo, sino como aquello "en que" un "ser ahí" fáctico, en cuanto es este "ser-ahí", vive. "Mundo" tiene aquí una significación preontológicamente existencial. Aquí vuelve a haber diversas posibilidades: "mundo" mienta el mundo "público" del "nosotros" o el mundo circundante "peculiar" y más cercano (doméstico).

4. "Mundo" designa, finalmente el concepto ontológico-existenciario de la *mundanidad*. La mundanidad misma es susceptible en los respectivos todos estructurales de distintos "mundos", pero encierra en sí el a priori de la mundanidad en general". (Heidegger, M. 2007, p. 77)

De acuerdo con lo anterior, los números 3 y 4 nos servirán de punto de partida en la significación de la descripción del mundo; retomando lo escrito líneas arriba nuestra descripción partirá de la estructura de ser-en-el-mundo, esto en virtud de que mundo es un fenómeno y este tiene que ver con el carácter de ser del Dasein, es decir, es inherente al Dasein y por tanto es la forma adecuada de conducir nuestro análisis y descripción. Como sabemos *Ser y tiempo* es la obra en que se describe la forma en que se concibe al mundo, su relevancia se destaca por sí sola en esta obra, pero ya desde 1919 cuando Heidegger fungía como profesor no numerario en la Universidad de Friburgo, abordaba este relevante tema, así en estas lecciones que se convirtieron a la postre en libro: *La idea de la filosofía y el problema de la concepción del mundo*, encontramos que para Heidegger la forma en que se conciba al mundo es una de las tareas fundamentales de la filosofía, más aun la concibe como la tarea más propia de la filosofía, lo anterior porque toda filosofía se consuma como tal en una forma de concebir al mundo, de acuerdo con esto Heidegger afirma que "Filosofía y concepción del mundo significan en el fondo la misma cosa". (Heidegger, M. 2005, pág. 9) Y cómo no habría de serlo si en el marco de estas concepciones el hombre trata de encontrar el sentido de su existencia, trata de comprender esta, es decir el misterio de la existencia lleva al hombre a preguntarse por ella y el mundo. En *Ser y tiempo* Heidegger analiza profundamente el fenómeno del mundo, pero su investigación no se limita a un describir los entes que hay en el mundo, que por otra parte también forman parte de lo que es el mundo y que le llamará los entes intramundanos, no, Heidegger alcanza a ver que hay una estructura, ser-en-el-mundo y que como tal tiene una base ontológica, misma que al estudiarla permitirá comprender el fenómeno del mundo, así, para nuestra investigación haremos una descripción de lo que esta estructura es. Si el Dasein forma unidad con el mundo y éste último no es, como lo describíamos líneas arriba, un recipiente de entes, entonces se hace necesario que analicemos lo que conforma a esta estructura, esto es, tenemos que hacer una descripción del Dasein como ser-en-el-mundo, eso nos lleva a separar la estructura solo con fines de comprender el fenómeno que nos señala Heidegger como mundo y que tenemos que concebirlo así, como unidad. En esta descripción tenemos que trabajar lo que es el "ser-en", con todo lo que ello implica, es decir el Dasein como "encontrarse", el Dasein como "comprender" y el Dasein como "habla", para arribar a una comprensión de lo que mundo sea y que sólo bajo el análisis de esta estructura nos podrá permitir una forma de concebir al mundo desde lo originario. En consecuencia para iniciar nuestro estudio de esta estructura, diremos con Heidegger que el "ser-en" es un existenciario que lleva implícito el habitar, el estar familiarizado con algo (en este caso mundo), el ente del "ser-en" no es otro ente que en cada caso soy yo mismo y este: "yo soy" quiere decir otra vez "habito", me detengo cabe "el mundo", como algo que me es familiar de tal o cual manera. "ser" como infinitivo del "yo soy", es decir comprendido como existenciario, significa "habitar cabe…", "ser familiarizado con…". (*ídem.* pág. 67) En este sentido la palabra "habitar" es de suma importancia para nuestra investigación porque la forma en la que hemos habitado el mundo ha sido catastrófica, a partir de concebir al mundo desde la razón, como nos señala Heidegger en su ensayo, *Construir, habitar, pensar;* el habitar es la manera como los mortales son en la tierra y hemos sido animales racionales en este habitar. Pero regresando al existenciario "ser-en" diremos que "ser-en" es según esto, la expresión existenciaria formal del "ser ahí", que tiene la esencial estructura del "ser en el mundo". (Heidegger, M. ibid.) Este ser-en que es un "ser cabe" el mundo, esto significa que se absorbe en el mundo al grado que Heidegger lo interpreta como un existenciario precisamente fundado en el "ser en"; este "ser cabe" no hace referencia a cosas que estén juntas, se refiere a una "contigüidad" sin igual entre dos entes: Dasein y mundo, gracias a esta contigüidad es que el Dasein como ente puede perderse en actividades del mundo cotidiano a esto le llama Heidegger modos del "curarse de", esta expresión es un existenciario que podemos comprender como cuidado, la importancia de este existenciario es prioritaria en la comprensión del fenómeno mundo y para lo que es el desarrollo de esta investigación, partiendo de ella nos dice Heidegger que el Dasein ya está siempre "ocupándose de", esto nos indica que el comportamiento del Dasein en el mundo es siempre ateorética o pre-reflexiva. Ante los entes que al Dasein le salen al encuentro, éste no tiene un comportamiento teorético hacia ellos, su forma de comportarse hacia ellos es como decíamos ateorética, lo relevante de esto es que Heidegger cambia por completo la forma en que se concibe el origen del conocimiento, este no es lo primero que se da en el Dasein, primero se da en el "cuidarse de", como parte de la estructura de ser-en-el-mundo, esto es: "Para que sea posible el conocimiento como una actividad que determina teoréticamente lo "ante los ojos", es menester una previa *deficiencia* del tener que ver con el mundo en el "curarse de". (Ibíd. Pág.74) Como decíamos arriba, lo relevante de esto es que al mostrar Heidegger como se da el conocimiento desde la estructura ontológica del ser-en-el-mundo cambia la forma de concebir el conocimiento que había impuesto la tradición metafísica, pero lo más interesante de esto es que Heidegger devela que el aspecto ontológico es primero que el epistémico y con ello la originariedad de donde surge el conocimiento. Una vez analizado someramente este existenciario del "ser-en" podemos describir lo que es la mundanidad, pero sólo para regresar después a este existenciario "ser-en" que nos mostrará al Dasein de forma íntegra como parte de la estructura ontológica del ser-en-el-mundo y que nos permitirá comprender el por qué sólo si hay Dasein hay mundo o dicho de otra manera Dasein y mundo conforman una estructura ontológica.

Para describir lo que el mundo es, Heidegger inicia por plantearse algunas preguntas, una de ellas nos parece ser el eje para la descripción fenomenológica de lo que es el mundo: ¿Será el mundo un carácter del ser del "ser ahí"? si el mundo no es la suma de los entes como lo plantea la tradición, ni mundo es lo que cada hombre tiene como su mundo entonces qué es mundo, veamos que aquí Heidegger hace un pregunta que nos lleva a comprender lo que es el mundo, él pregunta en torno al "mundo", ¿qué mundo se mienta? y responde que ninguno de esos mundos, comprendemos que su pregunta del "mundo" que se mienta remite al concepto de mundo que desde la tradición ha prevalecido, por esto él se aleja negando que se refiera a alguno de esos, pero su respuesta abre una forma de concebirlo de forma originaria, refiriendo que es la mundanidad del mundo en general lo que desvela como mundo al "mundo": ""Mundanidad" es un concepto ontológico y mienta la estructura de un elemento constitutivo del "ser en el mundo". (Heidegger, M. *op.cit.* pág. 77) Con esto Heidegger nos deja claro que, a diferencia de la tradición, mundo no es lo diferente del hombre y totalidad de los entes, aquí es importante retomar lo citado anteriormente en cuanto a la diferencia que hace Heidegger de mundo, es decir, las diferentes formas en que el mundo se nos da, en este mismo capítulo hemos abordado dos formas en las que Heidegger aborda el concepto de mundo; por una parte, y a esto le hemos dedicado gran parte del capítulo, el mundo como imagen en él se refiere a la ciencia y a la técnica en el representar al mundo como imagen; también hicimos referencia a la concepción de mundo como tarea de la filosofía. Regresando al concepto de mundanidad, Heidegger profundiza en su descripción y lo plantea desde un plano ontológico a diferencia de las otras formas de concebirlo, esto es, responde a la pregunta de si el mundo es un carácter del ser del Dasein de la siguiente manera: "La mundanidad es, según esto, ella misma un existenciario. Al preguntar ontológicamente por el "mundo", no dejamos en manera alguna el campo ni los temas de la analítica del "ser ahí". El mundo no es ontológicamente una determinación de aquellos entes que el "ser ahí", por esencia, no es, sino un carácter del "ser ahí" mismo ". (ibid. p.77) En esta última línea de la cita podemos ver la respuesta a su pregunta, con esto podemos afirmar que el mundo es un carácter de ser del Dasein, de esta forma la estructura ontológica del ser-en-el-mundo del Dasein nos permite ver con claridad el fenómeno del mundo, es decir, la mundanidad, ahora bien, el mundo en el que el Dasein "se cura de" es el mundo de la cotidianidad, a este Heidegger le llama *el mundo circundante*. En este mundo de la cotidianidad los entes intramundanos salen al encuentro del Dasein, su encuentro con ellos es en el cotidiano "curarse de", en este salir al encuentro aparece el ente en forma de "útil", es decir en su cotidianidad del Dasein, en el estar absorbido aparece el "útil" que puede servir para infinidad de actividades en las que el Dasein se encuentra a lo largo del día: " Nosotros llamamos al ente que hace frente en el "curarse de" "útil". En el "andar" se encuentra uno con el útil para escribir o el palillero, el útil para coser o la aguja, el útil para hacer algo o el instrumento, el útil para caminar o el vehículo, el útil para medir o el instrumento de medida." (*op.cit.* pág. 81)

Así, en su servir para algo de lo útiles encontramos su forma de ser y esta forma de ser del útil nos lleva a comprender, de acuerdo con Heidegger que, "Al ser del útil es inherente siempre un todo de útiles en que puede ser este útil que es", como podemos ver en esta afirmación de Heidegger se puede alcanzar a distinguir que el útil es siempre útil en ese inherente estar referido a otros útiles. Si un útil nos remite a otro útil y así en una cadena de útiles, entonces eso nos da una perspectiva de algo más que un útil en el horizonte del concepto de mundo, nos remite a un conjunto de útiles, pero si uno remite a otro y este a otro, tenemos que hay un conjunto, pero no de manera aislada como si fueran entes que estuvieran dispersos en el espacio, es decir no se percibe cosa por cosa, no, hay un todo articulado por la referencia y la significación es a esto a lo que Heidegger le llama plexo de significados o mundanidad del mundo, el ver de esta forma a la totalidad de los entes intramundanos es el "ver en torno", este ver se caracteriza por ser un saber originario que no requiere de reflexión, no es como el ver teorético que se detiene en un ente y concentra su atención o mirada en él. El "ver en torno" es una forma de pre-comprensión del plexo de significados. Lo que aparece en este "ver en torno" es lo "a la mano", esto hace referencia a lo que primero "desaparece" en el "curarse de " y que cada vez que el Dasein se encuentra sumido en su actividad no se percata de este "lo a la mano" precisamente porque es en esa situación cuando más se muestra como lo a la a mano, pero si esta situación de lo "a la mano" se interrumpe porque el útil en turno tenga un desperfecto, es entonces cuando se centra la atención en lo que ahí se da y se muestra el "ser no más que ante los ojos". De acuerdo con lo anterior consideramos que se hace necesario citar a Heidegger:

> *Aquello dentro de lo cual el* "ser ahí*"* se comprende previamente en el modo del referirse, es el *"aquello sobre el fondo de lo cual"* del previo permitir que hagan frente entes. El *"aquello dentro de lo cual"* del comprender refiriéndose, en cuanto "aquello sobre el fondo de lo cual" del permitir que hagan frente entes en la forma de ser de la conformidad, es el fenómeno del mundo".* Y la estructura de aquello sobre el fondo de lo cual se refiere el "ser ahí" es lo que constituye la mundanidad del mundo". (*op.cit.* pág. 101)

Pero aquí no se agota nuestro análisis del fenómeno del mundo, en esta mundanidad el Dasein también abre espacio, es decir el mundo circundante aparece porque el Dasein es espacial, por esto es que el Dasein abre espacio, el des-alejamiento y la direccionalidad son sus dos características, así la espacialidad es también un existenciario. Retomando el plexo de significados es obligado señalar que el Dasein es remitido por este plexo de remisiones no sólo a útiles, sino también a personas o a otros entes iguales, a otros Dasein, esto nos lleva a lo que Heidegger llama el "ser-con" y el "ser sí mismo" y el "uno", además nos deja en claro que el Dasein no es un ente solo en el mundo, siempre comparte el mundo, de ahí que

Heidegger plantee la pregunta del "quién" del Dasein y señale que el Dasein es un ente que en cada caso soy yo mismo, esto significa que a nivel óntico este ente es un yo y no otros, pero esto no significa que el Dasein este solo en el mundo, todo lo contrario, coexiste en un mundo compartido y al compartir mundo se distingue el "ser-con" lo que nos lleva profundizar en lo que es el Dasein en ese "ser con" de la cotidianidad, es decir en lo que Heidegger llama el "uno". El Dasein está con otros Dasein, pero en ese "estar con" el Dasein digamos, se diluye, se pierde en los otros al grado de no ser ya él, sino lo que los otros le asignen que es, pero los otros no son algunos en particular, menos aún alguien, "los otros" es el "uno" y este "uno" es el que dicta la forma de ser del Dasein en la cotidianidad, que es un no ser "sí mismo" para ser en la "impropiedad", pero que también puede surgir de aquí la forma propia de ser del Dasein. Este "uno" tiene su forma de ser: "Distanciación, "término medio", "aplanamiento", a estos Heidegger les llama "la publicidad", lo interesante de esto para nuestra investigación es que esta forma de ser del "uno" regula la interpretación del mundo y del mismo Dasein. (*op. cit.*) Antes de continuar es importante precisar que si estamos describiendo los existenciarios del Dasein, cuando lo que pretendemos es describir lo que mundo es desde el pensamiento de Heidegger, se debe a que, como nos lo dice Heidegger: "Si teníamos razón al afirmar que en la anterior explanación del mundo también habían entrado ya en nuestro campo visual los restantes elementos estructurales del "ser en el mundo", es forzoso que dicha explanación haya preparado de cierto modo asimismo la respuesta a la cuestión de quién". (Heidegger, M. *op.cit.* pág. 133) Como nos dice en *Prolegómenos para una historia del concepto del tiempo*, el ser del mundo y el ser del Dasein se encuentran enganchados, esto nos lleva a profundizar en este "enganche". Como dijimos anteriormente retomaremos nuevamente el "ser-en", esto porque es necesario profundizar en el fenómeno de la constitución del "ser en el mundo", toda vez que este nos llevará a comprender el mundo en su relación con el Dasein y por qué se mienta que el mundo es el carácter de ser del Dasein, es decir, nos permitirá a partir del estado de abierto descubrir a este ente como el ente en el que se constituye el mundo que como estado de abierto constituye el carácter de ser del Dasein. Heidegger inicia la descripción del encontrarse haciendo énfasis en lo relevante del estado de abierto si queremos comprender la relación entre Dasein y mundo; así el Dasein en tanto ente es él mismo su "ahí" esta expresión se refiera entonces al "estado de abierto", ahora bien, cómo es que este estado de abierto se configura, cómo está constituido, Heidegger nos señala que se constituye por el "encontrarse", el "comprender" y el "habla", en este mismo orden los abordaremos.

El "encontrarse" se refiere al fenómeno de la afectividad de la existencia o temple de ánimo en el que ya siempre estamos, es importante subrayar que esta disposición afectiva del "encontrarse" no tiene ningún fundamento psicológico o que se relacione con aspectos teoréticos de la ciencias, sea neurología, psicología o medicina, el "encontrarse" se refiere a un estado ontológico de disposición afectiva y al cómo el hombre descubre el mundo por esta condición, el "encontrarse" tiene tres características: el "estado de yecto", el "abrir" y el ser afectado. El "encontrarse" tiene la capacidad de abrir al mundo y con esto abre que el Dasein "es", es decir lo descubre en su "estado de yecto", esto ubica al Dasein en su responsabilidad de ser, le permite mirar esta condición que le hace sentir que su existencia y el mundo le atañen, lo compromete, se entrega al mundo: "El "encontrarse" no se limita a "abrir" el "ser ahí" en su "estado de yecto" y su "estado de referido" al mundo "abierto" en cada caso ya con su ser; es incluso la forma de ser existenciaria en que el "ser ahí" se está entregando constantemente al "mundo", se deja herir por éste de tal suerte que en cierto modo se esquiva a sí mismo". (*op.cit.* pág. 157) Como podemos ver en estas líneas de *Ser y tiempo,* Heidegger señala que el "encontrarse" en tanto disposición afectiva mantiene al Dasein en un constante entregarse; es decir hay una relación inherente entre Dasein y mundo por mor de esta disposición afectiva, esto nos muestra que, a diferencia de la tradición metafísica en la que hay un sujeto frente a un mundo y la relación es como un puente entre los dos, en esta forma de concebir al mundo por parte de Heidegger la relación es algo permanente porque se "es en el mundo" o mejor dicho el Dasein es un ser-en-el-mundo, pero esta relación sólo es tal relación gracias a la apertura del Dasein a ese lumen que nos dice Heidegger es el hombre. Desde lo aquí descrito podemos empezar a ver esa relación a la que Heidegger le llama el enganche entre el ser del mundo y el ser del Dasein, pero para que esta unión entre mundo y Dasein se torne más clara es necesario avanzar y analizar los otros dos elementos constituyentes de la apertura; el comprender y el habla. Por último, en cuanto al "encontrarse" diremos que para Heidegger el temple de ánimo relevante es la angustia, ésta como disposición afectiva es de suma importancia porque "abre el mundo como mundo".

El comprender, si el "encontrarse" es uno de los existenciarios fundamentales que muestra el cómo del abrir el mundo, el "comprender" tiene la misma relevancia, este existenciario, de acuerdo con Heidegger, no debe hacernos pensar que se trata de un fenómeno que tenga que ver con algo derivado de lo cognitivo o de la razón, como normalmente se aborda desde la tradición y no lo es porque el "comprender" que nos señala Heidegger como existenciario es un "comprender" que a la par es un "encontrarse" y esto rompe con la concepción tradicional. Lo anterior quiere decir que todo "comprender" implica un temple de ánimo, pero también todo temple de ánimo lleva consigo un poder comprensor de (algo), todo comprender es así siempre afectivo, lo característico de este existenciario es que en este "comprender" hay un "poder ser", esto porque el Dasein es como lo dice Heidegger, primariamente "ser posible" y si nos percatamos de que el Dasein es posibilidad porque es lo que en cada ocasión puede ser, esto significa que la existencia se constituye por la posibilidad de ser, esto es fundamental para comprender la totalidad de la estructura del ser-en-el-mundo: "La posibilidad en cuanto existenciario es, por lo contrario, la más original y última determinación ontológica positiva del "ser ahí" ". (*op.cit.* pág. 161) De acuerdo con lo anterior el "poder ser" comprensor abre el campo de las posibilidades desde donde se pueden ver éstas, a su vez esto nos muestra que el ser del "poder ser" es el "comprender". El abrir del comprender implica siempre a toda la estructura del "ser en el mundo", el comprender tiene además en su estructura la "proyección" que también es un existenciario, lo que significa que es la estructura existenciaria del "poder ser", gracias a esto el Dasein puede proyectarse en sus posibilidades, pero este proyecto del proyectar no se relaciona en lo absoluto con un especie de agenda de la vida, con un plan preconcebido, proyectar es la forma de ser del Dasein que existe proyectándose siempre sobre sus posibilidades. Consideramos que esto es de suma importancia porque el hombre queda definido por la forma en que vaya siendo o vaya constituyendo su ser y en esto se muestra lo importante del futuro en tanto temporalidad hacia donde se proyecta el Dasein, además de ese proyectar hacia la finitud, hay un proyectar, en función del anterior, que permite al Dasein elegir sus posibilidades e ir haciendo sus ser, esto nos deja ver que el Dasein es sus posibilidades. Otro elemento importante de el "comprender" es la interpretación, esta es un desarrollo de lo proyectado en el comprender y se refiere más a lo especifico que viene de la comprensión, es decir si la compresión se caracteriza por ser muy general sin detenerse en algo en particular, la interpretación sucede en algo particular, a la pre-comprensión que el Dasein tiene de todo, la interpretación le permite comprenderlo específicamente. Por último, en referencia al "comprender" queremos decir que: "El estado de abierto" del "ahí" en el comprender es él mismo un modo del "poder ser" del "ser ahí". Y más adelante "Encontrarse y comprender caracterizan en cuanto existenciarios el "estado de abierto" original del "ser en el mundo". (*op.cit.* 165) Hasta aquí hemos descrito dos de los tres existenciarios que componen la estructura del "estado de abierto" del "ser en el mundo" del Dasein, nos falta el último y al igual que estos dos es al mismo tiempo original con ellos, Heidegger lo deja al último en su obra *Ser y tiempo* porque la función que cumple es permitir que el "encontrase" y el "comprender" se articulen.

El Habla, decíamos que este existenciario es igual de original que el "encontrase" y el "comprender", su característica ontológica es que articula a los dos anteriores, incluida por supuesto la interpretación que forma parte del "comprender", es gracias al habla que el todo de significación puede ser articulado, podemos decir que no hay comprensión que no esté articulada por el habla, de acuerdo con lo anterior el Dasein articula su mundo de esta manera, lo que incluye la forma de comunicarse con los demás y consigo mismo (el Dasein), por esto también el habla constituye el "estado de abierto" del "ser en el mundo". Esto es: "Hablar es articular "significativamente" la comprensibilidad del "ser en el mundo", al que es inherente el "ser con" y que se mantiene en cada caso en un modo determinado del "ser uno con otro" "curándose de" Éste, el "ser uno con otro", es hablante". (Heidegger, M. *op.cit.* pág. 180) Con esto nos queda claro que el habla es la articulación del comprender y el encontrase del "ser en el mundo". Heidegger muestra cuatro momentos del habla: 1. el "sobre qué" esto se refiere a lo hablado en ella, es decir el tema o asunto, 2. lo hablado que se refiere a lo que se ha comunicado, 3. La comunicación, que se refiere expresamente a compartir algo con otro Dasein o con otros con los que se comunica, y

4.la notificación. De estos nos dice Heidegger que no son sólo características accesorias del lenguaje; son caracteres existenciarios enraizados en la estructura del Dasein y por lo tanto hacen posible el lenguaje. Pero el habla no estaría completa en su descripción sin abordar el oír, al respecto nos dice Heidegger que la relación del habla con el comprender resulta clara si tomamos en cuenta este existenciario, esto porque sólo donde se puede dar el hablar y el oír como existenciarios, es que se puede escuchar, estos se fundan en el comprender. Es importante decir que además de estos hay otro existenciario más y de la misma relevancia, el "callar" "sólo en el genuino hablar es posible un verdadero callar", nos dice Heidegger, así podemos decir que también el silencio forma parte del habla, resulta bastante interesante que de este surge el genuino "poder oír" para concluir el análisis de este existenciario se hace necesario citar a Heidegger: "Del ser del "ahí", es decir, el "encontrarse" y el comprender, es constitutiva el habla; por su parte, "ser ahí" quiere decir "ser en el mundo"; luego, en suma: en cuanto "ser en" hablando, ya se ha expresado el "ser ahí". Éste tiene lenguaje". (Heidegger, M. *op.cit.* pág. 184).

De acuerdo con lo expuesto, el "encontrarse", el "comprender" y el "habla" son los principales existenciarios que conforman el "estado de abierto" del "ser en el mundo", es por esto que él es su "ahí", también por esto el Dasein abre o descubre mundo. Una vez descrito lo que es el mundo desde una forma de concebirlo originaria, se necesita describir cómo es la relación con éste, decíamos al inicio de este capítulo que la relación es constante por mor de la estructura del "ser en el mundo" y ha quedado implícita en la descripción, pero si queremos precisarlo, diremos que *la relación entre el ser humano y el mundo es el cuidado (sorge) y que se constituye por la existenciariedad, la facticidad y la caída.* La existenciariedad se refiere a que el Dasein en el comprender proyecta sus posibilidades y alcanza a vislumbrar lo que puede ser; la facticidad hace referencia al estado de yecto, lo característico de ésta es el estado de ánimo o disposición afectiva y por último la caída que se refiere al cómo es el Dasein en el mundo público, es decir el "uno". Heidegger la define como: "pre-ser-se-ya-en (el mundo) como ser-cabe (los entes que hacen frente dentro del mundo)". (*op. cit.* pág. 213) Esta manera de concebir al mundo, desde la originariedad de nuestro mundo inmediato o de la vida fáctica es la que servirá de fundamento para trabajar en el siguiente capítulo el camino a seguir; a partir de ese "preparar el camino" que señala Heidegger como tarea de la filosofía es como desarrollaremos lo que para nosotros es ese camino por preparar: hacia una relación (ética) basada en el cuidado.

Así, podríamos decir a manera de recapitulación del presente capítulo que la relación que actualmente tenemos con el mundo y que, como describimos líneas arriba, está destruyendo nuestro mundo, es una relación metafísica, es decir una relación donde se privilegia al ente y este es visto desde la presencia, tal como nos lo dice Heidegger, la metafísica de la presencia, esta metafísica que de acuerdo con este pensador se inicia con Platón y que actualmente vivimos en la última fase, su acabamiento, pero que de este acabamiento no sabemos cuánto tiempo más va a continuar, lo que sí sabemos es que de esta viene todo aquello que hace concebir la realidad como objetiva, es decir surge la verdad como certeza, verdad que tiene como base un pensamiento calculador, esto es la razón; la relación binaria de la modernidad sujeto-objeto y principalmente lo que le caracteriza: el olvido del ser. Este olvido del ser es lo que la estructura de esta forma, es decir en eso consiste la metafísica, en atenerse al ente sin tomar en cuenta que los entes son porque lo que los hace ser tiene que desaparecer para que estos sean; como lo plantea Heidegger, la metafísica no puede preguntarse por el ser o por la verdad del ser porque sólo se queda en el ente: "En cambio, se impone dicha modificación del significado de la pregunta por el ser como tal en el sentido de la uniformidad del preguntar por el ente como tal, ante todo porque el origen esencial de la interrogación por el ente como tal y, con él, la esencia de la metafísica, permanece en la oscuridad". (Heidegger, M. 2003 pág. 26) Así pues en la metafísica hay un predominio de la presencia, pero la metafísica no es un hecho o un pensamiento de moda; es una forma de mostrarse el ser en esta época, que como nos señala Heidegger inicia con Platón y llega hasta Nietzsche, pero ésta en su forma de desocultar al ente puede llevarnos a la destrucción total, por esto es de suma importancia preguntarnos acerca de esta relación con el mundo, relación que como ya describimos es metafísica, pero su forma de manifestarse o de mostrarse en la historia es también una invitación a pensar en lo que se oculta para que el ente sea, es decir en pensar en la ausencia que deja al presentarse el ente; de otra manera si no nos atrevemos a pensar en lo que se presenta en forma de ausencia, es decir el ser, nuestro destino podría ser fatal, al respecto queremos citar un párrafo escrito por Heidegger y que no obstante que se refiere a la situación de Europa y América posterior a la segunda guerra sigue estando tan vigente como en aquel tiempo:

> Desde el punto de vista metafísico, Rusia y América son lo mismo; en ambas encontramos la desolada furia de la desenfrenada técnica y de la excesiva organización del hombre normal. Cuando se haya conquistado técnicamente y explotado económicamente hasta el último rincón del planeta, cuando cualquier acontecimiento en cualquier lugar se haya vuelto accesible con la rapidez que se desee, cuando se pueda <<asistir>> simultáneamente a un atentado contra un rey de Francia y a un concierto sinfónico en Tokio, cuando el tiempo ya sólo equivalga a velocidad, instantaneidad y simultaneidad y el tiempo en tanto historia haya desaparecido de cualquier ex – sistencia de todos los pueblos, cuando al boxeador se le tenga por el gran hombre de un pueblo, cuando las cifras de millones en asambleas populares se tengan

por un triunfo...entonces, si, todavía entonces, como un fantasma que se proyecta más allá de todas estas quimeras, se extenderá la pregunta: ¿para qué?, ¿hacia dónde?, ¿y luego qué? (Heidegger, M. *Introducción a la metafísica*. Barcelona, 2003, pág. 42)

Con esto finalizamos el presente capítulo, pero ahora cabría preguntarnos qué hacer si la metafísica, como decíamos líneas arriba, es una época, una destinación del ser, qué podemos hacer; el ocultamiento del ser puede ser una invitación o un hacernos mirar hacia el ser, es decir este mismo ocultarse del ser, nos llama a pensarlo desde el ser y con ello abrirse al ser. "Únicamente allí donde el ser se abre en el preguntar, acontece la historia, y con ella aquel ser del hombre en virtud del cual éste se atreve a confrontarse con el ente como tal...sólo esta confrontación interrogativa reconduce al hombre a un ente tal que él mismo es y debe ser" (Heidegger, M. *op.cit.* pág. 133).

Capítulo III. La relación originaria con el mundo como posibilidad de cambio: hacia una relación basada en la cura o cuidado

En el presente capítulo abordaremos lo que consideramos es la posibilidad de cambio en nuestra relación con el mundo, es decir una relación basada en la cura o cuidado, esta nos ubica en una relación originaria con el mundo y por tanto consideramos que es la forma en que podríamos cambiar nuestra relación con el mundo, que como lo describimos en el capítulo dos, actualmente es una relación metafísica. El orden del trabajo es el siguiente, primero expondremos una propuesta que pretende realizar un cambio, basada en la ética de Hans Jonás, de esta hacemos un breve recorrido, retomando aportaciones valiosas, pero también marcando cierto límite por considerar que hay ya una ética, aunque ésta no sea explicita como tal, en el trabajo del filósofo Martín Heidegger y que finalmente es nuestra propuesta, es decir remitirnos a una relación originaria con el mundo a través de la cura o cuidado, entendido este concepto en su más profundo sentido: ontológico.

De acuerdo con lo escrito en los capítulos anteriores cabría preguntarse ahora si podemos hacer algo para salir de esa relación que hemos establecido con el mundo, hay alguna forma de evitar que la catástrofe continúe, habrá algo que detenga al ser humano en ese habitar técnico, en ese estar en el mundo como animal racional, destruyendo el equilibrio de la vida en nombre de la técnica, esto nos lleva a plantearnos la pregunta:

¿puede haber una ética que nos permita habitar el mundo estableciendo una nueva forma de relación con éste?, una relación en la que la destrucción y el desocultar de forma violenta y utilitaria el ente, cambie. Habrá una forma en que el hecho de que todo ente que sea visto como futura subsistencia, como un futuro permanecer en el anaquel de las existencias, (Bestand), cambie y se establezca una relación en la que se pueda evitar la destrucción y contaminación que hoy en día prevalece en la tierra, el aire, los mares y los ríos, en general en los ecosistemas que componen el planeta; nos preguntamos, es posible preservar la verdad del ser, es posible un cuidado de nuestro planeta; consideramos que sí, el fenómeno del cuidado así nos lo devela y ahora eso nos proponemos investigar. En este tercer capítulo abordaremos algunos conceptos planteados por Heidegger que servirán de base para retomar el camino olvidado, es decir, la relación originaria con el mundo. De acuerdo con el autor el mundo no es una serie de representaciones con conceptos en congruencia con los objetos, cuestión que ya abordamos en el capítulo anterior, pero que citamos nuevamente para mostrar el punto de partida del cuidado en cuanto forma de relación con el mundo, es decir, desde el punto de partida del cuidado hay ya una forma en que se concibe el mundo; se le concibe desde el ser-en-el-mundo, lo anterior es necesario puntualizarlo porque nos permite comprender el fenómeno del cuidado desde su fundamento y así abordar los conceptos básicos de esta nueva forma de concebir la relación con el mundo. Una vez citados estos antecedentes consideramos ya pertinente iniciar la revisión del pensamiento de Heidegger en sus conceptos fundamentales que sirven de cimiento a este trabajo de investigación; mismos que son de suma importancia debido a que son los pilares del pensamiento de Heidegger y que al ser analizados nos permitirán un mejor acceso al nuevo camino para comprenderlo; por ahora es un acercamiento preliminar para un estudio más profundo del fenómeno del cuidado y la ética implícita como un posible camino para establecer una nueva relación con el mundo.

Sabemos que para Heidegger la elaboración de una ética no era algo que le pareciera adecuado o por lo menos permisible en estos tiempos, esto nos lleva a otra pregunta; ¿hay en el pensamiento de Heidegger elementos para dar forma a una ética o es su pensamiento ajeno a ésta?

En su escrito, *Carta sobre el Humanismo,* podemos encontrar que la posición de Heidegger con respecto a escribir una "ética" es negativa, en su respuesta a Jean Beaufret, escribe desde el inicio de la carta: "Estamos muy lejos de pensar la esencia del actuar de modo suficientemente decisivo. Sólo se conoce el actuar como la producción de un efecto, cuya realidad se estima en función de su utilidad". (Heidegger, 2009, pág. 11) y más adelante hace una crítica muy precisa en cuanto al papel que tiene la ética en estos tiempos:

> El deseo de una ética se vuelve tanto más apremiante cuanto más aumenta, hasta la desmesura, el desconcierto del hombre, tanto el manifiesto como el que permanece oculto. Hay que dedicarle toda la atención al vínculo ético, ya que el hombre de la técnica, abandonado a la masa, sólo puede procurarle a sus planes y actos una estabilidad suficientemente segura mediante una ordenación acorde con la técnica. (Ibid. pág. 73)

De lo citado arriba queremos destacar el hecho que señala Heidegger del deseo de una ética en el hombre técnico; por qué se da ese deseo, de dónde surge y además el por qué hace énfasis en que entre más aumenta el desconcierto hasta la desmesura, más crece el deseo. Consideramos que precisamente ahí donde Heidegger nos señala dedicarle toda la atención al vínculo técnico, es donde podemos ver que hay una separación entre el hombre y el ser, de esta misma separación entre hombre y ser es desde donde surge ese deseo de una ética. Pero entonces debemos preguntarnos por qué Heidegger se niega a una ética; retomando lo escrito por él en *Cartas sobre el humanismo,* vemos que en su respuesta no considera al humanismo como una posible solución a la era técnica y se remite a los orígenes del humanismo; ubicando a éste, su origen histórico, en Roma, lo cuestionado por Heidegger de este humanismo es el hecho de que tiene como base la visión del hombre como ser racional y por tanto dicha forma de concebir al hombre es a todas luces, metafísica: "El primer humanismo, esto es, el romano, y todas las clases de humanismos que han ido apareciendo desde entonces hasta la actualidad presuponen y dan por sobrentendida la [esencia] más universal del ser humano. El hombre se entiende como animal rationale". (Ibid. Pág. 25) En este mismo sentido hace una crítica al Humanismo de Sartre, quien lo que hace es únicamente invertir la frase metafísica de que la esencia precede a la existencia por la que afirma que es la existencia la que precede a la esencia, al respecto nos dice Heidegger que no por invertir la frase la situación cambia, es decir, sigue siendo metafísica, el ser sigue quedando en el olvido, así podemos ver cómo Heidegger hace un profundo análisis de las distintas formas de humanismo y cómo fundamenta su negativa a escribir una ética; pero no es que se niegue sólo por el hecho de considerar que esta disciplina de la filosofía no es relevante, no, lo que Heidegger nos señala es la falta de lo esencial, por esto subraya el olvido del ser en esas formas de concebir el humanismo y por tanto no sería viable escribir una ética con tales características metafísicas. El filósofo de Messkirch, piensa en algo más originario y este pensar implica buscar la esencia del hombre como una forma de concebirlo desde lo originario, esto es, que el hombre habite en la cercanía del ser, en consecuencia, fundamenta su crítica a estas interpretaciones del humanismo: "Por el contrario, se puede afirmar que el único pensamiento es el de que las supremas determinaciones humanistas de la esencia del hombre todavía no llegan a experimentar la auténtica dignidad del hombre". (Ibid. pág. 37) De acuerdo con esto nos dice Heidegger que estas interpretaciones humanistas no están a la altura de la humanitas del hombre. Así en estos tiempos en que la técnica prevalece parece ser que el humanismo es totalmente técnico, bajo el argumento de que la técnica está al servicio del hombre se busca por todos los medios "mejorar" al hombre; tal como lo describíamos en el capítulo anterior, la biología sintética, el avance de la ingeniería electrónica, la nanotecnología, etc. buscando "ampliar" y "favorecer" las posibilidades del hombre, este tipo de humanismo es el que nos muestra con mayor claridad el cómo el hombre se va tornando cada vez más metafísico, cada vez más animal racional, olvidándose del misterio de la vida, haciendo como lo ha hecho por mucho tiempo y con mayor énfasis en la modernidad, dejar que en la metafísica acontezca el olvido del ser, este humanismo pretende que todo está permitido en nombre de un "beneficio" para el hombre. Retomemos la última línea de la frase arriba citada de Heidegger, en la que nos dice que estos humanismos no llegan a experimentar la auténtica dignidad del hombre; qué nos quiere decir con esto Heidegger. Desde sus primeras líneas en la carta que dirige a Jean Beaufret nos dice que estamos muy lejos de pensar la esencia del actuar y con esto se refiere al pensar metafísico, pensar que ha evitado un pensar originario, el pensar metafísico al que se refiere lo podemos encontrar en sus inicios tanto en Platón como en Aristóteles. En estos pensadores, nos dice Heidegger, el pensar deja de ser un pensar originario y se le interpreta como una téchne, un saber que sirve para la poiesis: "en ellos el pensar mismo vale como una téchne, esto es, como el procedimiento de la reflexión al servicio del hacer y fabricar". (Ibid. pág. 13) Por esto el pensar no es visto como algo práctico; es más bien visto como un teorizar que tiene al conocimiento como una forma de proceder de la teoría, con ello podemos comprender cómo desde ese tiempo el pensamiento es ya un pensamiento de tipo técnico en surgimiento y con esto el olvido del ser en el pensar, quedando en la naciente disciplina de la lógica la tarea de esta interpretación metafísica. Así nos señala Heidegger que también las diferentes disciplinas que conocemos en la tradición filosófica, surgen a partir de que el pensar originario empieza a ser olvidado con Platón y Aristóteles, en consecuencia no sólo la lógica, encargada del pensar, sino también la ética surge de esta interpretación, con esto comprendemos que la metafísica no pregunta por la verdad del ser, sólo lo ente (en su ser); es decir, esto significa que la lógica concibe el pensar como el representar lo ente en su ser, a partir de aquí todo pensamiento que no se ajuste a la lógica es desechado, creando así una realidad basada en la lógica, es por esto mismo que la metafísica concibe al hombre como animal racional, concepto que habría que pensar para saber si realmente la esencia del hombre pertenece o es animalidad, esto nos deja claro que la humanitas no es tomada en cuenta por la metafísica; si en cambio la animalitas. Aquí cabría retomar lo escrito por Heidegger al respecto, en el sentido de que, si se piensa fuera de la lógica, no es que se piense a favor de lo ilógico, sino pensar acerca de la esencia del logos, es decir, repensar el logos, repensarlo desde sus inicios para encontrarnos con el pensar originario.

Hasta aquí hemos descrito por qué Heidegger se niega a escribir una ética, por una parte, están las éticas fundadas en la metafísica y que tienen un sentido utilitario que es la que las vincula con la técnica, por otra parte, el que el logos sea interpretado como lógica, pero el hecho de que Heidegger se niegue a escribir una ética no significa que niegue su importancia, más aún en estos tiempos. Así, de acuerdo con el reconocimiento de la importancia de la ética nos dice en su citada carta que hay una ética originaria; además esta guarda una total relación con el pensar, de ahí la importancia de remitirnos al logos como era pensado por los presocráticos o como nos dice Heidegger, como fue pensado en los albores de la filosofía. Si es posible una ética originaria, en qué consiste ésta y cómo se da esta relación con el logos como pensar. Pero iniciemos con lo que señala Heidegger como la ética originaria en la citada *Carta sobre el Humanismo:* "Pues bien, si de acuerdo con el significado fundamental de la palabra ethos el término ética quiere decir que con él se piensa la estancia del hombre, entonces el pensar que piensa la verdad del ser como elemento inicial del hombre en cuanto existente es ya en sí mismo la ética originaria". (Ibid. pág. 78) De acuerdo con lo anterior estamos obligados a investigar lo que significa "pensar", "habitar", "verdad del ser" y "existencia", por supuesto que todo lo anterior implica el actuar humano, por tanto la cura y el lenguaje en su relación con el pensar, para entonces estar en condiciones de comprender este camino que nos señala Heidegger como la ética originaria y que sirve de fundamento para quien quiera profundizar en el estudio de la relación con el mundo. Iniciemos por preguntarnos qué significa pensar; en el capítulo anterior abordamos la forma de concebir al mundo como imagen, y citábamos algunos párrafos de la conferencia de Heidegger: "la época de la imagen del mundo", comprendido esencialmente, no significa por lo tanto una imagen del mundo, sino concebir el mundo como imagen". (Heidegger, M. 2008, pág. 74) Por qué hacemos referencia nuevamente a esta conferencia, la respuesta es que ella nos revela la forma en que se piensa en la modernidad, es decir si queremos saber qué significa pensar debemos iniciar por desvelar cómo se concibe al pensar en la modernidad. Así esas líneas de la conferencia de Heidegger nos revelan que el mundo puede concebirse como imagen y eso nos lleva a develar que, para que se dé esa forma de concebirlo, es porque el mundo es representado como imagen, luego entonces el representar es una actividad fundamental y que apuntala lo que conocemos como "pensar" y que guarda relación con el concepto de exactitud en el sentido del representar que se ajusta a su objeto, pero además a esto, se le concibe como la verdad, es decir que algo es verdadero por la exactitud del representar, pero debemos preguntarnos si esto es así, pensar es representarnos los objetos, si la pregunta la planteáramos a la comunidad científica seguramente nos dirían que sí sin dudarlo, al respecto nos señala Heidegger que "la esencia del pensar hasta ahora existente llevase el sello del representar". (Heidegger, M. 2005, pág. 49) Es claro que para la ciencia el representar sea el pensar, es claro también que la constante demanda de nuevos descubrimientos en el ámbito científico provocan que se crea que pensar es un representar que descubre el ente y se le da la utilidad necesaria o demandada para convertirse en "existencias", en mercancías almacenadas, así en la medida de cada nuevo descubrimiento se ratifica la idea de que pensar es representar, cada nuevo proceso, cada nuevo instrumento, cada nuevo aparato confirma que son todos producto del pensar, pero no sólo en el ámbito científico se concibe al pensar como un representar, en todo ámbito de la modernidad se concibe al representar como el pensar y aquí cabría retomar la pregunta que plantea Heidegger con relación a esto: "El representar podría acaso ser el rasgo fundamental y omnipresente de nuestro pensar, tal como existe hasta el presente". (ídem. pág. 58) A reserva de que analicemos más adelante la respuesta a esta pregunta planteada por Heidegger, consideramos relevante indagar por qué se concibe el pensar como un representar, cuándo surge esta forma de pensar en la que el pensar se opone al ser (objeto) y dándole así su carácter de ser a las cosas. Heidegger nos dice que desde que el logos fue convertido en lógica como ciencia del pensar, es decir la que determina las reglas del pensamiento, desde entonces se inicia esta forma de pensar basada en el representar lo que está ahí delante, pero si logos significa enunciación cómo fue que se le tomó como el pensar o ciencia del pensar, Heidegger nos señala que se debe a una errónea interpretación del fragmento uno de Heráclito en la que parece que hace referencia al logos como discurso y por tanto eso lo relacionaría con la enunciación y el pensar, dejando a un lado su significado real con referencia al ser, así en lugar de interpretar al logos como lo que colige, se le da el carácter de palabra y discurso y finalmente enunciación como pensar. Retomemos la pregunta, cuándo se inició el pensamiento basado en el desarrollo de la lógica, para responder a esta pregunta se hace necesario citar a Heidegger:

> Fue cuando la filosofía griega llegó a su fin, convirtiéndose en asunto de la escuela, de la organización y de la técnica. Esto comenzó el ser del ente, apareció como idea y como tal se convirtió en <<objeto>> de la episteme. La lógica nació en el ámbito de la institución académica de las escuelas platónico-aristotélicas y fue una invención de los profesores, no de los filósofos". (Heidegger, M., 2003 p. 114)

Como podemos ver, desde que para Platón la entidad de lo ente se interpretó como idea se pusieron las bases para un pensar que representa a todo lo que se encuentra frente al que piensa (sujeto); esto es, el sujeto trae ante sí lo que está ahí delante y con ello el hombre se torna el representante de todo lo ente (de lo objetivo), pero además se convierte, a partir de sus capacidades en el que puede y tiene la capacidad de medir, de cuantificar con la finalidad de convertirse en el señor que domina todo lo ente con esta forma de pensar, por eso es que la técnica y la ciencia son producto de este pensar calculador y sometedor del ente, pero esta forma de pensar no se queda en Grecia; al inicio del capítulo indicábamos que fue en Roma antigua donde surge el primer humanismo y con él también el concebir la esencia del hombre como animal rationale, zoon logon echon, pero esta traducción que se realiza está totalmente alejada del significado griego de la frase, así de acuerdo con

Heidegger, el significado griego es que el hombre es "lo que surge estando presente, capaz de hacer presente lo presente" y no el significado que se da a partir de la traducción al latín y que a partir de esa época llega a la concepción occidental posterior, es decir a partir de esta forma de concebir al hombre se muestra una especie de estructura que lo conforma: animalidad y racionalidad serán sus componentes desde entonces hasta la actualidad, impidiendo esta dualidad que se muestre su verdadera esencia. Pero esta definición de hombre incluye también la forma en que ese animal piensa, precisamente la diferencia con el resto de los seres vivos, sobre todo con los animales, es la ratio que además conlleva la percepción y el cálculo, lo que le permite también el poder representarse el ente, pero este representar es un representar que como describimos en el capítulo anterior y líneas arriba citando la conferencia de "La época de la imagen del mundo" está al servicio de das Gestell, un pensamiento que ha propiciado una percepción de que la felicidad está en el "uno" apoyada por la psicología, específicamente la psicoterapia y la sociología, fortaleciendo el "uno" se cree que ahí se encuentra la felicidad; y aquí cabría rescatar la pregunta que Heidegger plantea en su conferencia, *Qué significa pensar*, ¿Será así que en este representar prevalece una relación con lo que es, lo cual con su peculiaridad trasciende al hombre? Consideramos que este representar es el representar de lo ente, olvidándose al mismo tiempo de lo que posibilita que el ente sea, esto es, el pensar que representa al objeto es un pensar metafísico, toda vez que la metafísica pregunta por el ente en cuanto ente, pero no pregunta, como decíamos líneas arriba, por lo que posibilita lo ente: el ser, por esto podemos afirmar que la metafísica no pregunta por la verdad del ser, pero de acuerdo con Heidegger el hecho de que la metafísica no piense la verdad del ser se debe a que le es inaccesible en tanto metafísica, es por esto que el ser ha quedado en el olvido.

De acuerdo con lo anterior podemos decir que esta forma a la que tradicionalmente se le ha llamado pensar, no lo es o si se le quiere aceptar como pensar, diremos que es un pensar metafísico, pero en tanto pensar metafísico, este se aleja de lo que pretende ser en tanto pensamiento, es decir, se aleja de la fuerza callada que lo posibilita, se olvida del ser. Cuando se mal interpreta lo que es el pensar se comete el error de creer que el pensar es el representar que se sirve del percibir y del calcular para desvelar el ente en tanto objeto dispuesto como existencias. Pensar no es representar, aunque la tradición nos lo ha mostrado de esta forma: "Cuando el pensar se encamina a su fin por haberse alejado de su elemento, reemplaza esa pérdida procurándose una validez en calidad de téchne, esto es, en cuanto instrumento de formación y por ende como asunto de escuela y posteriormente empresa cultural". (Heidegger, M. 2009 p. 17) Pero entonces si esto que hemos descrito como el pensar metafísico que la tradición nos ha mostrado como tal, no es el pensar originario, rescatando la pregunta de Heidegger reiteramos, qué es o qué significa pensar. Ahora nos disponemos a indagar esta pregunta, apoyándonos en la conferencia de Heidegger que responde a ella partiendo del pensar auténtico y originario.

Para Heidegger el plantear la pregunta implica hacer un recorrido histórico del significado de la palabra pensar, ésta se dirige hacia otras palabras como recuerdo, recogimiento, gratitud, pero no las toma o interpreta con el significado común del lenguaje cotidiano; para Heidegger estas palabras nos llevan a un significado mucho más profundo, así, cuando mienta la palabra recuerdo no se refiere sólo y exclusivamente al recuerdo a manera de un recipiente para lo pensado y que quede ahí guardado, no, el significado que nos ofrece Heidegger es que "recuerdo" abarca lo que conocemos comúnmente como memoria, es decir el retener el pasado, pero también el advenir y el presentar. Para comprender mejor el significado del pensar en tanto palabra que hace justicia con el significado recurre a una palabra originaria del antiguo alemán: Gedanc, esta palabra, nos dice Heidegger, si la comparamos con el significado que de pensamiento tiene la metafísica, y que ya describimos líneas arriba, desemboca en un empobrecimiento del significado de la misma, esto es la palabra Gedanc es mucho más rica y profunda porque en ella aparece también la "gratitud" (Dank), entendido este agradecimiento como gratitud del alma; el "recogimiento" en tanto palabra que se incluye en este significado del pensar también tiene un significado diferente del que comúnmente se usa con dicha palabra y en este caso se refiere al recogimiento que surge y se da en torno al acto que nos lleva a lo meditativo:

> Pero la palabra Gedanc no quiere decir únicamente lo que nosotros llamamos entrañas y corazón, sin alcanzar a medir a penas su esencia. En el Gedanc se fundan y tienen su ser tanto el recuerdo como la gratitud. "Recuerdo" no significa originariamente en forma alguna la facultad de rememorar. La palabra nombra el alma en su totalidad, en el sentido del constante y entrañable recogimiento en torno a aquello que se atribuye esencialmente a todo acto meditativo. El recuerdo dice originariamente tanto como recogimiento: el incesante y recogido permanecer en...y esto no sólo en algo pasado, sino de igual manera en lo presente y lo por venir. Lo pasado, lo presente y lo por venir aparecen en la unidad de un a-sistir propio de cada uno". (Heidegger, M. 2005, p. 136)

De acuerdo con lo descrito podemos comprender que la pregunta planteada acerca de qué significa pensar va más allá del significado que la tradición nos ha mostrado y que no se limita al representar del objeto en tanto lo presente; no, el pensar en su significado originario, es decir, a partir de la palabra Gedanc conlleva mucho más, no sólo lo que ya describíamos arriba como el agradecimiento que recuerda lo que se tiene y lo que es;

lo que agradecemos se lo agradecemos a alguien, es decir no lo tenemos y nos es dado, por esto es que agradecemos, porque nos es dado, lo que nos es dado es precisamente el pensar, pero este mismo (el pensar) atribuye lo que hay que pensar: el ser. Además, el pensar es también un camino, un camino que se debe recorrer para construirlo y esa construcción del camino sólo se da a través del constante "preguntar interrogante": "El responder a la pregunta "Qué significa pensar" no es, por su parte, sino el constante preguntar como un seguir-estando-en-camino". (Heidegger, M. Ibid. pág. 162) Pensar también conlleva un significado más, implícito en la palabra recuerdo y que nos resulta bastante interesante para este trabajo de investigación. En la vieja palabra Gedanc decíamos que en su significado originario está el recuerdo, precisamente en esta última es donde encontramos el significado que llama nuestra atención y que tiene que ver con la palabra "intención", que en alemán se relaciona con la palabra Minne, misma que a su vez en alemán se relaciona con la palabra "amor" y no obstante que el traductor de la obra citada nos señala que no hay una coincidencia total con la palabra amor, consideramos que lo escrito por Heidegger en *Cartas sobre el Humanismo,* cuya traducción realiza Leyte, A., sí confirma lo que aquí señalamos como una relación cercana entre el significado de las dos, Minne-Amor, veamos la cita y la nota del traductor: "En la palabra primitiva Gedanc domina la esencia originaria del recuerdo: la conjunción de la incesante intención de todo aquello que el alma hace estar presente. La palabra intención se entiende aquí en el sentido de "Minne" [palabra antigua del alemán cuyo significado es afín al amor, sin coincidir con éste del todo. N. del T.]: la inclinación que no es dueña de sí misma, por lo cual no es menester ejecutarla de propósito, la inclinación, digo, de la más íntima aspiración del alma al ente." Con esto podemos afirmar que el pensar tiene un profundo significado para Heidegger, recuerdo, recogimiento, gratitud:

amar. Pero justo es también citar la traducción que afirmamos es de Leyte en *Cartas sobre el Humanismo:*

> El pensar, dicho sin más, es el pensar del ser. el genitivo dice dos cosas. El pensar es del ser, en la medida en que, como acontecimiento propio del ser, pertenece al ser. El pensar es al mismo tiempo pensar del ser, en la medida en que, al pertenecer al ser, está a la escucha del ser como aquello que pertenece al ser, estando a su escucha, el pensar es aquello que es según su procedencia esencial. Que el pensar es significa que el ser se ha adueñado destinalmente de su esencia. Adueñarse de una <<cosa>> o de una <<persona>> en su esencia quiere decir amarla, quererla. Pensando de modo más originario, este querer significa regalar la esencia. Semejante querer es la auténtica esencia del ser capaz que no sólo logra esto o aquello, sino que logra que algo <<se presente>> mostrando su origen, es decir hacer que algo sea. (Heidegger, M. 2009 pág. 15)

Con lo descrito consideramos que hemos mostrado la relevancia del pensar y su relación con el amor (y por consecuencia con el cuidado) y lo que éste significa, ahora es necesario mostrar su vinculación ontológica con el lenguaje. En el pensar en tanto ofrenda, llega el ser al lenguaje, gracias a este es que se nombran los entes en el habitar del hombre, en la vecindad con el ser y es el hombre el que resguarda la morada dando testimonio del ser, en este sentido deja ser la verdad del ser, por esto se considera al pensar como un compromiso por y para el ser, este (el pensar) no sólo acontece como sido; también es advenidero, en virtud de que el ser se muestra de esta forma. Lo anterior nos deja ver que el pensar originario no es práctico, pero además es exclusivamente humano y gracias a éste es que el ser humano puede dialogar consigo mismo y con los demás; así el lenguaje nos constituye como humanos y pertenece a la estructura del cuidado, además permite que el hombre pueda pensar el bien, esto significa que es en el lenguaje donde se encuentra presente o ausente el bien; ahora bien esta característica del lenguaje se refiere al "lenguaje esencial", mismo que permitiría el ejercicio de un pensar meditativo, evitando con ello la ausencia de bien en el acto del hombre:

> …pensar el bien es un acto del pensamiento que adquiere un compromiso consigo mismo ante la dificultad de llegar a saber cuándo se encuentra ante el bien o ante su ausencia, siendo en el lenguaje (Sprache) donde se puede encontrar esta presencia y, por ende, la ausencia de lenguaje, es en donde se abandona la posibilidad de interpelarlo dando como consecuencia la aparición del mal. En la ausencia del "lenguaje esencial" existe la posibilidad de permitir el mal, así como también la posibilidad de su prevención o impedimento. Entonces de ser así, radicaría en el ejercicio meditativo del "lenguaje esencial", en un profundo diálogo consigo mismo, el que el bien permanece en tanto lo que es". (Gómez-Arzapalo y Villafaña. *Prolegómenos para una ética erótica,* pág. 5. Inédito)

Como podemos ver la importancia de este párrafo es fundamental para ir mostrando los conceptos que conforman la relación con el mundo a través del cuidado en su característica de no ser normativa; sino que llama o emplaza y este llamamiento tiene su fundamento en esto que Heidegger nos describe en "del camino al habla" como "lenguaje esencial", esto porque el "lenguaje esencial" permite llegar al bien, es decir a la esencia de lo mostrado, pero esto sucede en el claro del ser y por tanto este "lenguaje esencial" sólo se comprende como tal desde el concepto de Dasein; este "lenguaje esencial" también se caracteriza porque evoca llamando; llama no invoca, no hace comparecer lo que llama, lo evoca y al evocar se presentan en forma de ausencia, veamos cómo lo describe Heidegger: "pero ¿Dónde habla el habla como tal habla? Habla curiosamente allí donde no encontramos la palabra adecuada, cuando algo nos concierne, nos arrastra, nos oprime o nos anima. Dejamos entonces lo que tenemos en mente en lo inhablado y vivimos, sin apenas reparar en ello, unos instantes en los que el habla misma nos ha rozado fugazmente". (Heidegger, M. 1987, pág. 145) De este concepto fundamental, "lenguaje esencial" el autor nos lleva a lo que él nombra como la Diferencia; al nombrar los entes en el evocar del "lenguaje esencial" se presentan en forma de ausencia, pero ellos también gestan un mundo al comparecer, pero las cosas no están unas al lado de las otras, se da un cruzamiento entre ellas, creando un "entre" donde mundo y cosa son sin fundirse entre ellos, como nos dice el autor, el "entre" es un lugar íntimo en donde mundo y cosa residen, esto es a lo que el autor nombra como la Diferencia, la que sostiene la separación como reunión. Pero este ingreso al mundo se caracteriza por un reposo propio de la cosa y en este sentido el mundo en su quietud permite que repose la cosa, esta quietud de la cosa, nos dice el autor, es inquieta y consiste en un movimiento permanente que aquieta tanto el mundear como el cosear, estos en su movimiento originario y vinculados a la Diferencia, hacen que ésta permanezca en silencio. Ahora bien, el silencio es la esencia del lenguaje y el hombre corresponde al silencio de la Diferencia escuchando su mandato evocador, a este corresponder le llama Heidegger el hablar que desprende escuchando, pero esta escucha es anticipativa.

Estamos ahora en condiciones de abordar lo que el habitar es. Para trabajar el habitar nos apoyaremos en el escrito de Heidegger; *Construir, habitar pensar.* Al inicio de su escrito, Heidegger nos dice que su pensamiento acerca del habitar y el construir no se refiere al habitar, construir de la arquitectura ni de la técnica; se refiere al ser o como lo describe él "aquella región a la que pertenece todo aquello que es" y plantea dos preguntas: ¿Qué es habitar? Y ¿en qué medida el construir pertenece al habitar? de estas dos preguntas la que más nos

concierne por nuestro trabajo de investigación es la primera, no obstante, la segunda queda implícita en la relevancia
de la primera, esto porque como nos señala Heidegger, toda
construcción se encuentra en la región del habitar, en este
sentido el construir es ya habitar. De dónde toma Heidegger
esta relación entre las dos palabras, se remite al alto alemán
antiguo para tomar la palabra buan que significa habitar,
pero nos dice que además no sólo significa habitar, esta palabra del antiguo alemán también nos hace una seña acerca
de cómo es el habitar que ella significa; esta palabra se relaciona con "La antigua palabra bauen, con la cual tiene que
ver *bin,* contesta: ich bin, du bist, quiere decir: yo habito,
tú habitas. El modo como tú eres, yo soy, la manera según
la cual los hombres somos en la tierra es el Buan, el habitar.
Ser hombre significa: estar en la tierra como mortal, significa: habitar". (Heidegger, M. 2007 pág. 46) Pero además la
palabra bauen también significa cuidar, este cuidar abarca
tanto el construir que cuida el crecimiento como el construir en el sentido de edificar o construir edificios. Con lo
descrito hasta aquí Heidegger plantea la pregunta "¿En qué
consiste la esencia del habitar? Y nuevamente recurre al antiguo alemán para destacar que la palabra wunian al igual
que bauen significa residir, permanecer (en la paz), esta paz
en su significado de lo libre: preservado de daño alguno, esto
es **cuidado**, de acuerdo con Heidegger podemos decir que:
"El rasgo fundamental del habitar es este **cuidar** *(mirar por).*
Este rasgo atraviesa el habitar en toda su extensión: "Ésta se
nos muestra así que pensamos en que en el habitar descansa
el ser del hombre, y descansa en el sentido del residir de los
mortales en la tierra". (Ibid. pág. 48) Esta última línea de la
cita de Heidegger nos lleva a lo que el pensador alemán llama
la Cuaternidad; es decir, "residir en la tierra" implica el cielo,
los divinos y los mortales, así habitar sería cuidar por parte
de los mortales esta Cuaternidad. Nos dice Heidegger cuidar

en el sentido de salvar, devolverle a su esencia; lo expuesto en los capítulos anteriores nos muestra que no hemos salvado todavía a la tierra y con ello a la Cuaternidad porque como nos dice Heidegger; adueñarse y explotar a la tierra no es salvarla, menos aún llevarla a la explotación sin límites, esto es lo que actualmente está sucediendo, esto nos remite a la pregunta planteada al inicio del presente capítulo; ¿Cuál es la esencia del habitar?: "Cuidar la cuaternidad, salvar la tierra, recibir el cielo, estar a la espera de los divinos, guiar a los mortales, *este cuádruple cuidar* es la esencia simple del habitar". (Ibid. pág. 60) Podemos ver que nuestro habitar actual no es un habitar que cuide la cuaternidad, es un habitar racional. Cómo cuidar la cuaternidad, Heidegger nos dice que eso sólo podrá suceder cuando se construya desde el habitar y se piense para el habitar. Lo descrito hasta aquí como habitar nos lleva al siguiente paso de nuestro camino por andar, es decir nos lleva a lo que es el ser-en, esto porque la primera parte del todo de la estructura del ser-en-el-mundo, el ser-en nos muestra la relación con el mundo y el "en" del ser-en procede del habitar, así abordaremos ahora la estructura del ser-en-el-mundo, deteniendo nuestra atención en el ser-en por lo ya argumentado. A continuación, presentamos el esquema de Leyte que ilustra esta parte del ser-en con los caracteres ontológicos del cuidado y su temporalidad, elementos que no se pueden separar del todo estructural:

SER-EN TEMPORALIDAD	CARACTERES ONTOLÓGICOS DEL CUIDADO	
Encontrarse	Facticidad	Estar-ya-en
Sido		
Comprender	Existenciaridad	Anticiparse-a
Advenir		
Habla	Caída	En-medio-de
Presentar		

(Tomado de Leyte, A. 2005, p.147 2005)

Iniciaremos con los conceptos (originarios) de ser-en-el-mundo y aperturidad. Para hablar de aperturidad es necesario primero explicar que esta se da porque se es-en –el-mundo; es decir, ser-en-el-mundo es la estructura fundamental del Dasein. Entender esta estructura es lo que nos va a permitir comprender que la relación con el mundo no es algo producto de un esquema sujeto-objeto, sino una forma de ser en el mundo originaria, así Heidegger señala y escribe este concepto con la unión de un guion para mostrar que hay unidad en los conceptos, es decir ser-en-el-mundo es un fenómeno de unidad y no puede ser separado como lo pretende la forma tradicional, pero esta unidad está compuesta de elementos que se pueden describir, cito a Heidegger:

> El fenómeno indicado en esta expresión permite, en efecto, que se le mire por tres lados 1.- El "en el mundo", relativamente a este elemento brota el cometido de preguntar por la estructura ontológica del "mundo" y de definir la idea de "mundanidad". 2.- El ente que es en cada caso en el modo del "ser-en-el-mundo". Lo que se busca es aquello por lo que preguntamos cuando decimos "¿Quién?" se trata de determinar fenomenológicamente quien es el "ser-ahí" en el modo de la cotidianidad del término medio. 3.- El "ser en" como tal; se trata de poner de manifiesto la constitución ontológica del "en". Todo destacar uno de estos elementos estructurales significa destacar con él los demás, es decir, ver en todos los casos el fenómeno entero". (Heidegger, M. 2007, p. 65)

Así al Dasein le es inherente el ser-en-el-mundo y por tanto tiene diferentes modos de "ser-en" y *a estos modos de ser-en Heidegger le llama "curarse de"* y señala: "Se usa la expresión "curarse de" en la presente investigación como un término ontológico (un existenciario) para designar el ser de un posible "ser-en-el-mundo", y por consecuencia diremos que el ser-en señala la relación con el mundo, este ser-en se puede describir de la siguiente manera, de acuerdo con Heidegger: "En procede de "habitar en", "detenerse en", …"quiere decir otra vez "habito", me detengo cabe…" "ser en" es según esto, la expresión existenciaria formal del ser del "ser ahí", que tiene la esencial estructura del "ser en el mundo" ". (Heidegger, M. p. 67, *op.cit.*) Es a este "ser-en" al que podríamos identificar como el que soporta en mayor proporción (esto porque todos los existenciarios son cooriginarios) la relación con el mundo, es decir que en este se funda la relación con el mundo por mor de la aperturidad, es esta la que está referida al mundo y al propio Dasein pero siempre en unidad en la expresión citada, ser-en-el-mundo, ésta muestra la estructura de la existencia fáctica, inmediata de la cotidianeidad, solo señalamos que en el "ser-en" está acentuada la relación en virtud de que es a partir de la aperturidad que el Dasein está abierto al mundo, que su sentido es un cuidar y por tanto un trato o relación con el mundo, esta apertura se compone por los existenciarios en que se despliega nuestra referencia al mundo, por igual la referencia al mismo Dasein y al ser. Ahora bien en cuanto a la aperturidad podemos decir de acuerdo con Heidegger que "el ente constituido esencialmente por el "ser-en-el-mundo" es él mismo en cada caso su "ahí" y que este "ahí " nos remite a un "estado de abierto", es decir el Dasein trae consigo este estado de apertura y los modos que lo constituyen son tres existenciarios y son cooriginarios: el "encontrarse", el "comprender" y el "habla", de esto se desprende que el Dasein está abierto al mundo, a los demás Dasein y a sí mismo y abierto al ser. Respecto al primero, el encontrarse se refiere a algún estado de ánimo, esto es importante porque el Dasein antes de cualquier acto cognoscitivo tiene un estado de "encontrado", este encontrarse no se refiere a un estado neurológico o psicológico, sino a un estado que es él mismo un "abrir", y este estado de encontrado abre el mundo, con esto Heidegger nos señala que la existencia tiene una base o condición afectiva, siempre estamos en un estado de ánimo, en un temple de ánimo; es importante reiterar que lo anterior no describe un estado orgánico ni psicológico, sino que hace referencia a un hecho ontológico, es decir, tiene un significado ontológico, no de otro tipo; indica el cómo nos encontramos en el mundo o como nos dice Heidegger, "cómo le va a uno". Así los temples de ánimo nos colocan ante nosotros mismos y nos hacen saber cómo estamos en el mundo, es decir subrayan nuestra pertenencia al mundo, esto porque ontológicamente el temple de ánimo tiene la función de abrirnos hacia nuestro propio ser y lo que de forma inmediata abre es el hecho de existir, la facticidad. En el estado de "encontrado" algo importante es la angustia porque esta abre en el Dasein la necesidad de asumir su existencia que le impide la huida hacia el "uno" y lo lleva hacia la propiedad que es donde se da la resolución. En cuanto a la comprensión de ésta Heidegger nos dice que "El comprender es el ser existenciario del "poder ser" peculiar del "ser ahí" mismo, de tal suerte que este ser abre en sí mismo el "en donde" del ser consigo mismo". (ibid.) Si partimos de que el Dasein no es un sujeto que carece de mundo, sino que existe en el mundo, se puede decir que al abrir en sí mismo se conoce lo que pasa consigo mismo, pero que esto no es una introspección, sino apertura del mundo a partir de la apertura de lo que pasa consigo mismo, así el comprender descubre las posibilidades de los entes que comparecen en el mundo, ahora bien, Heidegger nos dice que todo comprender tiene anticipación de sentido, esto porque el Dasein se proyecta, y se proyecta mientras existe, es importante señalar que el proyectar no se relaciona con un planear la existencia y que pudiera pensarse que el Dasein organiza su futuro, no, el Dasein es proyectante mientras existe, es decir, en el estar proyectado de su ser, se da la aperturidad del ser en general, nos dice Heidegger: "El comprender es, cuanto proyectar, la forma de ser del Dasein en que éste es sus posibilidades en cuanto posibilidades…y sólo porque el ser del "ahí" debe su constitución al comprender con su carácter de proyección, sólo porque es lo que llega a ser o no llega a ser, puede decirse, comprendiendo, a sí mismo: "¡Llega a ser lo que eres!". (Heidegger, M. p. 162, *op.cit.*) Así el comprender es el modo de ser del Dasein en tanto proyectado hacia sus posibilidades. El tercer existenciario es El habla, no obstante que ésta ya fue abordada líneas arriba en su relación con el pensar, nos referiremos a ella de forma breve porque forma parte del ser-en; de este existenciario nos dice Heidegger que es otro momento de la aperturidad y no se refiere sólo a los sonidos o fonemas y a la escritura, sino que es más que eso, el mismo hecho de callar es una forma del habla, su principal característica es el hecho de que articula la comprensibilidad, así el habla es la base de toda interpretación y lo articulable en la interpretación es el sentido, a lo articulado en la articulación del habla se le llama el todo de las significaciones, mismas que siempre tienen sentido y éste mismo (el sentido) surge antes de cualquier articulación. De acuerdo con lo descrito, lo que permite comprender el mundo, el todo de la significatividad, es el habla, esta permite que la comprensibilidad afectiva surja, o, mejor dicho, sea en forma de habla, en síntesis, nos dice Heidegger que "El Habla es la articulación significativa de la comprensibilidad, aunada con el "encontrarse", del "ser en el mundo". (p. 180, *op.cit.*) Así sobre estos existenciarios se funda el conocimiento, la verdad y cualquier tipo de comportamiento; sea teórico, práctico o de otro tipo, del Dasein.

Es necesario ahora revisar el concepto de mundo desde la forma como lo concibe Heidegger, es decir, desde la forma originaria, no es que Heidegger se haya inventado una forma de mundo, sino que a partir de sus investigaciones y justo en la analítica existencial se da el desocultar el mundo en su forma originaria, es decir, lo que primero nos sale al paso o se nos muestra son los entes, estos son entonces entes intramundanos y el cómo se nos presenten delimita un ámbito, esto es un

entorno o mundo circundante (Umwelt). Los entes o cosas
que se encuentran en este entorno son llamados útiles, que
aun cuando parezca una obviedad, son aquellos que sirven
para algo, esto nos muestra que no necesariamente son uten-
silios, aunque estos son también útiles, sino que el útil puede
ser también la organización de un grupo de seres humanos
con cualquier finalidad; con esto diremos que útil es todo
aquello que pertenece a una totalidad de referencias (de útiles
que implica el estar disponibles de estos), es decir, de acuerdo
con Heidegger al plexo de referencias: "Nosotros llamamos al
ente que hace frente en el "curarse de " "útil". En el "andar"
se encuentra uno con el útil para escribir o el palillero, el útil
para coser o la aguja, el útil para hacer algo o el instrumento,
el útil para caminar o el vehículo, el útil para medir o el instrumento de medida. Hay que poner de manifiesto la forma
de ser del útil. Se pone siguiendo el hilo conductor del previo
acotamiento de lo que hace de un útil un útil, del "ser útil".
(Heidegger, M. *op.cit.* p. 81)

Ahora bien, este perderse o absorberse de forma atemática o
atemáticamente, el "curarse de" con familiaridad en la que se
avista o se anuncia el mundo, sin detenerse en algún útil del
entorno, a esto Heidegger le llama "ver en torno" (Umsicht):
"El absorberse, no temáticamente, sino "viendo en torno", en
las "referencias" constitutivas del "ser a la mano" del todo de
útiles. El "curarse de" es en cada caso ya como es, sobre la
base de una familiaridad con el mundo. En esta familiaridad
puede el "ser ahí" perderse en lo que hace frente dentro del
mundo y ser captado por ello". (Heidegger, M. p. 90 *op.cit.*)
Este estar absorto con las cosas, sin reflexión acerca de ellas,
es lo que Heidegger llama lo "a la mano" (Zuhandenheit),
cuando por alguna razón las cosas no funcionan como se espera que funcionen, el plexo de significados se interrumpe y
es entonces cuando se convierte en teorético o lo a los ojos
(Vorhandenheit); así se muestran las dos formas en que los

entes se presentan, pero el plexo de significado sólo lo tiene para el Dasein, esto significa que el Dasein es el último remitente; el plexo de significado es para y por el Dasein. Así pues, a esta totalidad de referencias es a lo que Heidegger llamará el fenómeno del mundo, el que está ahí y al que estamos referidos: "pero si el mundo puede destellar de cierto modo, ha de ser "abierto". Con la accesibilidad de entes "a la mano" dentro del mundo para el "curarse de" "viendo en torno", es en cada caso ya "previamente abierto" el mundo". (Heidegger, M. *op.cit.* p. 89) Con esto hemos logramos comprender que el mundo está "abierto", de acuerdo con esto el Dasein es el ser-en-el-mundo que está referido a la totalidad del plexo de significados. Aunado a lo anterior, Heidegger nos señala que no sólo el mundo es el mundo circundante (Umwelt); nos plantea el mundo con, esto significa el ser-en-el-mundo como "ser con", esto es el compartir el mundo con otros, o para ser más claros, compartimos la apertura del mundo con otros Dasein (Mitwelt), pero también el mundo del sí mismo (selbswelt) forma parte de lo que es el mundo. Esto es de suma importancia para esta investigación ya que en este se da la resolución precursora, necesaria para el cuidado de sí; con esto podemos ver que son tres aspectos o ámbitos que componen el concepto de mundo, son cooriginarios y nos muestran que el mundo no es un conjunto de objetos o entes que están en el espacio, no, mundo es el plexo de significados, el ámbito de significado para el Dasein. En su escrito, *"Carta sobre el humanismo"* Heidegger nos deja bien claro lo que es el concepto de mundo:

> Pero en la expresión ser-en-el-mundo, "mundo" no significa de ningún modo lo ente terrenal a diferencia de lo celestial. En dicha definición, "mundo" no significa un ente ni un ámbito de lo ente, sino la apertura del ser. El hombre es, y es hombre por cuanto es el que ex – siste. Se encuentra fuera, en la apertura del ser, y, en cuanto tal es el propio ser, que, en

cuanto arrojo, se ha arrojado ganando para sí la esencia del hombre en el "cuidado". Arrojado de este modo, el hombre está "en" la apertura del ser. *Mundo es el claro del ser en el que el hombre está expuesto por causa de su esencia arrojada.* (Heidegger, M.2009, p. 68, 2009)

Hasta aquí hemos descrito algunos existenciarios de suma importancia para poder entrar ya a la estructura del cuidado, entendida esta como el todo estructural donde se muestran todos los existenciarios, así podemos afirmar con Heidegger que el cuidado es el ser del Dasein y que se caracteriza por ocuparse de los entes (besorgen); pero también de los otros Dasein, solicitud (fürsorge), pero además se preocupa de sí, esto se expresa como cuidado (sorge), esta estructura encuentra su sentido en la temporalidad, esto es que su presente (del Dasein) consiste en hacerse cargo (cuidado) de su pasado y de su futuro, y precisamente esto nos muestra que en tanto ente que en su ser le va su ser, debe hacerse cargo de su ser, es decir el "le va" implica o es el "se cuida", veamos lo que dice Heidegger: "Esta estructura del ser del esencial "le va" es la que vamos a llamar el "pre-ser-se" del "ser ahí". (Heidegger, M. 2007, p. 212) Ahora bien, como decíamos líneas arriba, el cuidado es el todo estructural donde se muestran todos los existenciarios, en ese sentido podemos afirmar "el ser del "ser ahí" quiere decir: "pre-ser-se-ya-en (el mundo) como ser-cabe (los entes que hacen frente dentro del mundo)". Este ser es lo que constituye, en conclusión, el significado del término "cura", que se emplea en esta su acepción puramente ontológico-existenciaria". (Ibid. pág. 213) Una vez definida la estructura del cuidado se hace necesario preguntarse cómo o por qué esta estructura sería la nueva forma de relación con el mundo, independientemente de que se ha venido describiendo ya y más adelante se seguirá con esta descripción del cuidado en esa relación originaria; decimos que sería la nueva forma de relación con el mundo porque si partimos de que el hombre es unidad con el mundo y se llega a tener conciencia de ello, la relación cambiará; es decir, esa forma de conceptualizar al mundo, como señalamos en el capítulo II, como un objeto externo, como algo independiente de nosotros, es lo que ha hecho que no tengamos conciencia de nuestra condición originaria, es decir de ser-en-el-mundo, este existenciario Heidegger lo describe como unidad, de ahí que se escriba con guiones para indicar esa unidad entre Dasein y mundo, esto como podemos ver es todo lo contrario a lo expuesto en el capítulo II en el que se describió el pensar metafísico y su forma de conceptualizar al mundo, no como unidad con este, sino como objeto. Retomando la pregunta de cómo sería la nueva relación a partir de esta estructura del cuidado, diremos que gracias al pensar el Dasein podrá asumir su ser-en-el-mundo y entonces el cuidado de sí incluirá al mundo, al saberse uno con el mundo, el Dasein hará de éste (el mundo) parte de su cuidado y con ello todo lo que es mundo, respetando la cuaternidad: "Salvar la tierra, recibir el cielo, estar a la espera de los divinos, guiar a los mortales, este cuádruple cuidar es la esencia simple del habitar". (Heidegger, M.2007, pág.60)

Una vez descrita la estructura del cuidado es importante revisar y contrastar las aportaciones de uno de los filósofos que consideramos relevante para la presente investigación; nos referimos al filósofo pionero en cuanto al estudio de la relación con el mundo mediante la ética, para enfrentar las consecuencias de la técnica: concretamente abordaré algunos aspectos de las aportaciones de Hans Jonás, uno de los principales autores y alumno de Heidegger, que, reiteramos trabaja una ética para la sociedad tecnológica en el trabajo que tiene por título, *Ensayo de una ética para la civilización tecnológica,* trabajo que interpretamos como una forma de relacionarse con el mundo, y que si bien coincidimos en algunos de sus aportes, debemos analizarlo a la luz del pensamiento de Heidegger. no obstante, queremos destacar que son dos éticas opuestas en el sentido de que una parte del temor al futuro y la otra del cuidado, entendido este último en el sentido ontológico. Las retomaremos a la luz de algunos conceptos de Heidegger que se irán revisando y más adelante, retomaremos otros más para adentrarnos en ese contexto, de esta forma se comprenderá mejor el cómo en unidad con el cuidado o cura (estos existenciarios) pertenecen a la misma estructura del ser-en-el-mundo; por tanto, el cuidado lleva implícita ya una ética. Al inicio del presente capítulo decíamos que la ética originaria es el pensar la estancia del hombre, "entonces el pensar que piensa la verdad del ser como elemento inicial del hombre en cuanto existente es ya en sí mismo la ética originaria". (*op.cit.* p. 78) y al hacer el análisis de lo que significa pensar llegamos, de acuerdo con Heidegger, a concebir el amor como regalar la esencia a la persona amada. También que este amar o querer es lo que posibilita que algo llegue a ser y es la esencia del ser capaz: "el ser, como aquello que quiere y que hace capaz, es lo posible. En cuanto elemento, el ser es la <<fuerza callada>> de esa capacidad que quiere, es decir, de lo posible". (ibid. p.16) Lo anterior nos recuerda lo dicho por Hannah Arendt, en el sentido de que toda la obra de Heidegger está repleta de amor y es por esto que hemos hecho referencia a lo que es el ethos en el sentido del habitar, así como el pensar, éste último se hace necesario en virtud de que, lo descrito por Heidegger en Carta sobre el humanismo nos deja claro que el devolver a su esencia a las cosas o las personas es la base del amar o del querer:"Adueñarse de una cosa o de una persona en su esencia quiere decir, amarla, quererla". (ibid. p.16) esto apuntala esta investigación sobre el cuidado, fenómeno al que Heidegger describe en los *Seminarios de Zollikon* como equivalente al amor: "Pero el cuidado entendido correctamente, esto es, de forma ontológico-fundamental, nunca puede ser diferenciado del amor, sino que es el nombre para la constitución extático-temporal del rasgo fundamental del Dasein, esto es, como comprensión de ser". (Heidegger, M., 2007, p. 254) Como describimos líneas arriba el Dasein se relaciona con el mundo a partir del ser-en, esto conlleva el habitar y la estructura del cuidado (sorge), esto incluye tanto a los entes como a los otros Dasein. Pero recordemos que este ser-en que describimos anteriormente no es algo que se pueda desprender como partes de un todo a manera de una estructura desarmable; el Dasein es ser-en-el-mundo, esto es un todo estructural y en ese sentido la relación con el mundo se da también a partir del "estado de abierto", el encontrarse, el comprender y el habla y gracias a este "estado de abierto" es que el Dasein abre mundo, esto incluye también a otros Dasein, así el Dasein como comprensor puede comprender a los otros y por supuesto comprenderse él mismo, tanto en la impropiedad como en la propiedad, esta última como la forma de verdad más original, aunque lo más común es que el Dasein se abandone en el "uno". Hasta aquí hemos descrito los elementos necesarios para comprender que el fenómeno del cuidado tiene un "dónde" y un "quién", es decir la relación con el mundo y el ser-con-otros. Pero el abrir el mundo se da siempre desde un estado de ánimo, es decir este estado de ánimo hace manifiesto su "ahí" y la responsabilidad de su ser, esto aun sin saber el de dónde y el hacia dónde, pero abierto en sí mismo, esto es en su "estado de arrojado". Por otra parte, tenemos que la apertura previa del mundo deja comparecer el ente, esto como característica propia del ser-en es también parte del "encontrarse", la relevancia de esto que describimos del "encontrarse" es que posibilita el ser abierto hacia el mundo y por esto es por lo que nos dejamos afectar; podemos decir que en la facticidad el Dasein abre el mundo y por supuesto se deja afectar y por tanto se cura. Lo anterior hace necesario citar lo que señala Gómez-Arzapalo acerca del "encontrarse": el "encontrarse" es, entonces, una forma existenciaria fundamental en donde el Dasein es su "ahí", no se limita a "abrir" al Dasein en su "estado de arrojado" y su "estado de referido" al mundo "abierto" en cada caso ya en su ser; es más bien ese entregarse al mundo de una manera permanente y se instala, dejándose afectar por lo que ocurre en él, esquivándose justamente en este dejarse afectar por lo ente". (ibid. pág. 281) Ahora bien, el amor para Heidegger es una pasión, al igual que el odio y como tal, esta pasión le permite al Dasein adueñarse de sí en la facticidad y abrir su fundamento; el amor entendido como pasión nos va a permitir comprender que en la cita que hicimos líneas arriba respecto al amor tal como lo describe Heidegger, lo que se describe como un "querer" (mögen) significa un "ser capaz" para, esto es, el ser capaz es lo "posible"; este querer posibilita el pensar, es a lo que se refiere Heidegger como "la fuerza callada" de lo posible, esto que acabamos de describir aquí nos devela al amor como pasión y facticidad. Es importante mencionar que la relación entre el amor y la forma de concebir al hombre por parte de Heidegger se da a partir de lo siguiente: "Adueñarse de una <cosa> o de una <persona> en su esencia quiere decir, amarla, quererla. Pensado de modo más originario este querer significa regalar la esencia. Semejante querer es la auténtica esencia del ser capaz". (pág.16 *op.cit.*) De acuerdo con esto podemos pensar que amar es "dejar ser" es decir permitir que lo que es permanezca en su esencia y es aquí donde debemos fijar nuestra atención porque en mucho de lo descrito como el daño o devastación a la biosfera ocurre precisamente debido a este no "dejar ser"; esto significa que a la naturaleza ya no se le permite restaurar como lo hacía el hombre medieval, ahora la naturaleza es destruida a un ritmo vertiginoso que ya no le permite renovarse, llevando esto gradualmente a la afectación cada vez mayor y con las consecuencias que actualmente estamos viviendo. Es a partir de que la problemática de la situación ambiental se ha agudizado que las naciones del mundo empiezan a buscar la manera de revertirlo, pero qué opciones dan; los acuerdos que se toman no son respetados por todos los países y el país más poderoso en industria, los Estados Unidos de América, se opone a las políticas en bien de restaurar el medio ambiente, además le podemos sumar a esto la actitud de su actual presidente (Trump), quien niega la existencia del fenómeno del cambio climático; lo que podemos constatar en lo descrito es que hay una falta de responsabilidad, ahora bien, esta palabra debe ser comprendida más allá de su uso cotidiano y con ello queremos hacer referencia a las ideas fundamentales del trabajo de Hans Jonás y su ética de la responsabilidad, concepto que apunta hacia un futuro que aunque no nos pertenece, si es nuestra responsabilidad preservarlo, es decir "dejar ser", amarlo, cuidarlo, para no usurpar lo que pertenece a las futuras generaciones. Es importante hacer notar que Hans Jonás es un filósofo, que a partir de los horrores de la segunda guerra mundial, del uso de la técnica en esa guerra y por la influencia de Heidegger, pudo intuir la magnitud del problema que se anunciaba para el ser humano, se percató de que el poder de la técnica y la ciencia era tan grande que ya no se podía detener, así surgió en él la apremiante necesidad de otorgar una ética que sirviera de contrapeso a esta fuerza, a este poder que la ciencia y técnica dan en la modernidad al ser humano, por esto es que revisamos lo que este autor propone, por ser uno de los primeros, por supuesto después de Heidegger, en señalar el peligro que implica el continuar sometiendo a la naturaleza. En 1979 publica su libro: *Ensayo de una ética para la civilización tecnológica;* en el prólogo deja claro la urgencia de una ética que atienda el vacío que el avance de la ciencia y la técnica por el poder destructivo o de modificación de la naturaleza conlleva:

> La tesis de partida de este libro es que la promesa de la técnica moderna se ha convertido en una amenaza, o que la amenaza a quedado indisolublemente asociada a la promesa. Es una tesis que trasciende la mera constatación de la amenaza

física. El sometimiento de la naturaleza, destinado a traer dicha a la humanidad, ha tenido un éxito tan desmesurado, -un éxito que ahora afecta también a la propia naturaleza humana- que ha colocado al hombre ante el mayor reto que por su propia acción jamás se le haya presentado. (Jonás, H. 1995, pág. 17)

Y nos señala que ninguna de las éticas que hay hasta el día de hoy pueden servir de mucho en esta problemática, esto porque nunca se pensó en la naturaleza a la hora de pensar en una ética, esta, la ética, sólo se ha centrado en la figura del ser humano, en la correspondencia del trato con el otro, pero nunca se pensó en que la naturaleza se vería afectada al grado que hoy podemos ver como para pensar en una ética que la incluyera como parte de la consecuencia que tiene el hacer del hombre, la acción del hombre; así Jonás nos dice que el origen de una ética no la podemos encontrar en ninguna de las éticas tradicionales centradas en el propio ser humano y nos plantea que el origen de una ética que preserve a la naturaleza de la destrucción debe surgir de lo terrible que está por venir: "A esto le llamo yo <heurística del temor>: sólo la previsible desfiguración del hombre nos ayuda a alcanzar aquel concepto de hombre que ha de ser preservado de tales peligros. Solamente sabemos qué está en juego cuando sabemos que está en juego". (ibid.) Con esto podemos ver que la ética de Hans Jonás se apoya en el temor a la destrucción y aquí cabría preguntarse si el ser humano se detendrá sólo por el temor al futuro o dicho de otra manera mediante un locus de control externo; en nuestra opinión, no; para Jonás este motivo es más que suficiente y considera que esto es así porque: "Puesto que lo que aquí está implicado es no sólo la suerte del hombre, sino el concepto que de él poseemos, no sólo la supervivencia física, sino también la integridad de su esencia, la ética -que tiene que custodiar ambas cosas- habrá de ser, trascendiendo la ética de la prudencia, una ética del respeto". (Jonás, ibíd.) De acuerdo con lo citado, nos dice Jonás que todo ello se resume en el concepto de responsabilidad, en este sentido es una ética orientada al futuro, toda vez que pretende preservar lo que todavía hay para evitar la catástrofe que se avecina y que es precisamente de esa catástrofe que parece próxima de donde surge el miedo que origina esta ética; que además conlleva un deber para con la humanidad futura, deber que en primer lugar nos dice que tenemos un deber para con las nuevas generaciones, en el preservar su derecho a la existencia y a la descendencia, en general, Jonás lo plantea así: "un deber de esa clase es también la responsabilidad para con la humanidad futura, deber que en primer lugar dice que tenemos un deber para con la existencia de esa humanidad futura-independiente incluso de si una parte de ella es descendencia nuestra-y, en segundo lugar, un deber para con su esencia". (*op. cit.* pág.84) Así de acuerdo con lo expuesto, Jonás tomando como ejemplo el imperativo de Kant, plantea un imperativo nuevo y que se fundamenta en lo que describimos anteriormente, el miedo a la catástrofe futura y el deber de preservar las condiciones para una existencia de los futuros habitantes de este planeta, su imperativo es el siguiente: " <<obra>> de tal modo que los efectos de tu acción sean compatibles con la permanencia de una vida humana auténtica en la Tierra>> o, expresado negativamente:<<obra de tal modo que los efectos de tu acción no sean destructivos para la futura posibilidad de esa vida>> o, simplemente: <<no pongas en peligro las condiciones de la continuidad indefinida de la humanidad en la tierra>> o, formulado una vez más positivamente: <<Incluye en tu elección presente, como objeto también de tu querer, la futura integridad del hombre>>. (*op. cit.* pág. 40) Lo interesante del planteamiento de Jonás es que habla de proteger la posibilidad, la esencia de las generaciones futuras, es decir estamos ante una parte importante del fenómeno del cuidado, en el sentido del "dejar ser", de cuidar la esencia de las cosas, así podemos afirmar que retomamos este aspecto de la ética propuesta por Hans Jonás, no obstante consideramos que ya hay una ética implícita en el fenómeno del cuidado, y que, como señalamos anteriormente, Heidegger nos remite a la ética originaria.

En consecuencia, el cuidado como fenómeno sigue siendo el horizonte desde donde vislumbramos la posibilidad de cambio. Así de acuerdo con lo trabajado hasta aquí consideramos que se cuenta con los elementos necesarios para poder llegar a concretar, a partir de una comprensión de todo lo descrito, una mostración del fenómeno del cuidado que pueda vincularse con lo que al inicio del capítulo describimos como el "habitar" que se encuentra en el ser-en y que de acuerdo con Heidegger es lo que nos relaciona con el mundo, es decir, la relación con el mundo se da a partir de este ser-en, esto en virtud de que nuestra meta es mostrar la posibilidad de una nueva relación con el mundo a partir de la estructura del cuidado de sí que incluya al mundo; toda vez que es una estructura inseparable del ser-en-el-mundo y por tanto es una forma originaria de relacionarnos con el mundo, en consecuencia se hace necesario que podamos tener claro el concepto de cuidado para poder trabajar el habitar y culminar así nuestra investigación mostrando la posibilidad de una nueva relación con el mundo: el cuidado. Ahora bien, como dijimos líneas arriba nuestro objetivo es llegar al camino de la cura, es de suma relevancia decir que esta no es un capricho de unir el habitar con el cuidado; al respecto recordemos que al inicio del capítulo afirmamos que el pensamiento de Heidegger está colmado de amor en el cuidado, también el deseo lo concibe como una facultad del hombre: "El pensar es junto al desear, querer y sentir, una de nuestras facultades". (Heidegger, M. 2003 pág. 112,) Eso nos permite ver que aun cuando estos conceptos de amor y deseo aparecen en el pensamiento de Heidegger, requerían ser develados a la luz del análisis ontológico-existencial del Dasein para así llegar al camino del fenómeno del cuidado; es así como el trabajo de investigación da en el camino que el cuidado va abriendo en el habitar del ser humano y va fundando un "lugar"; este "lugar" es donde se da la existencia del Dasein. Pero a su vez el cuidado necesita del lugar del habitar para mostrarse, podemos ver cómo este nos devela al cuidado que en su mostrarse se encuentra ontológicamente articulado, esto significa que tanto el habitar como el cuidado se articulan en la facticidad, siempre ligados uno con otro; aquí se hace necesario recordar que el fenómeno del cuidado ocurre siempre en el habitar, esto significa que es la forma originaria de ser, no obstante que no se le toma como uno de los rasgos fundamentales del ser humano, es decir habitar, tal como nos lo señala Heidegger:

> el habitar no se piensa nunca plenamente como rasgo fundamental del ser del hombre…Pero si escuchamos lo que el lenguaje dice en la palabra construir, oiremos tres cosas:

> 1.-Construir es propiamente habitar.

> 2.-El habitar es como los mortales son en la tierra

> 3.- El construir como habitar se despliega en el construir que cuida, es decir, que cuida el crecimiento… y en el construir que levanta edificios. (Heidegger, M. pág. 47, *op.cit.*)

Así podemos decir que el habitar es la forma como el cuidado se muestra en el ser-en del mundo, con esto podemos decir que la descripción fenomenológica nos muestra el habitar como el "donde" se posibilita el despliegue del cuidado de la acción del hombre, entendido ya este fenómeno como el cuidado, visto todo el fenómeno desde el ser, con esto tenemos ya claridad sobre este fenómeno del cuidado en su relación con el habitar. Pero antes de continuar es relevante decir que el cuidado en su origen histórico se remonta a los filósofos griegos, específicamente a Sócrates, de esto da cuenta Foucault, M. en su hermenéutica del sujeto, la define como inquietud de sí y que para los griegos era la epimeleia heautou. Esta inquietud de sí, nos señal Foucault aparece en el siglo V a. C. y llega hasta el cristianismo:

A partir de esta noción de epimeleia heautou se puede retomar toda una larga evolución que es milenaria (desde el siglo v antes hasta el siglo v después [de Jesucristo]) evolución milenaria que llevo desde las formas primeras de la actitud filosófica, tal como la vemos aparecer entre los griegos, hasta las formas primeras del ascetismo cristiano. Del ejercicio filosófico al ascetismo cristiano, mil años de transformación, mil años de evolución, de la cual la inquietud de sí es, sin duda, uno de los hilos conductores importantes en todo caso, para ser modestos, digamos: uno de los hilos conductores posibles. (Foucault, M. 2009, pág.29)

En este mismo orden de ideas, Foucault nos señala que la inquietud de sí o epimeleia heautou en tanto concepto o noción, se amplió y también el significado cambió a lo largo de la historia, no obstante, en esta noción está presente:

En Primer lugar, el tema de una actitud general, una manera determinada de considerar las cosas, de estar en el mundo, realizar acciones, tener relaciones con el prójimo. La epimeleia heautou es una actitud: con respecto a sí mismo, con respecto a los otros, con respecto al mundo.

En segundo lugar, la epimeleia heautou es también una manera determinada de atención, de mirada. Preocuparse por sí mismo implica convertir la mirada y llevarla del exterior al... iba a decir "interior". Dejemos de lado esa palabra tengan en cuenta que plantea una multitud de problemas y digamos simplemente que hay que trasladar la mirada desde el exterior, los otros, el mundo, etcétera, hacia "uno mismo". La inquietud de sí implica cierta manera de prestar atención a lo que se piensa y lo que sucede en el pensamiento. Parentesco de la palabra epimeleia con melete, que quiere decir, a la vez, ejercicio y meditación.

en tercer lugar, la noción de epimeleia no designa simplemente esa actitud general o forma de atención volcada hacia uno mismo. La epimeleia también designa, siempre, una serie de acciones, acciones que uno ejerce sobre sí mismo, acciones por las cuales se hace cargo de sí mismo, se modifica, se purifica y se transforma y transfigura y, de tal modo, toda una serie de prácticas que, en su mayor parte, son otros tantos ejercicios que tendrán (en la historia de la cultura, de la filosofía, de la moral, de la espiritualidad occidental) un muy largo destino. (ibid.)

Ahora bien, aunque de la epimeleia heuautou se tiene más testimonio histórico en el periodo Socrático-Platón, se señala por Foucault que hay antecedentes históricos de su aparición mucho antes, es decir "hay que ocuparse de sí mismo" era una vieja sentencia en la cultura griega y que se podía encontrar en diferentes poblaciones y religiones, aunque con sus diferencias, toda vez que cada religión y cada población la practicaba de diferente manera, pero veamos el antecedente que cita Foucault al respecto:

En un texto, tardío, por lo demás, dado que es de Plutarco, pero que se refiere a una sentencia que era muy notoriamente ancestral y plurisecular, se mencionan unas palabras presuntamente pronunciadas por Alexandrides, un lacedemonio, un espartano a quien un día habrían preguntado: pero en fin ustedes los espartanos son, con todo, un poco extraños. Tienen muchas tierras y sus territorios son inmensos, o en todo caso muy importantes ¿Y por qué no los cultivan ustedes mismos? ¿Por qué los entregan a los ilotas? y Alexandrides habría contestado: pues bien, simplemente para poder ocuparnos de nosotros mismos. (ibíd, p.45)

Como podemos ver mucho antes de Sócrates y Platón existía ya lo que Foucault llama una "tecnología de sí", es decir un saber que permitía al hombre un acceso a sí mismo, esto porque el "ocuparse de sí", el cambiar la mirada del mundo hacia su interior le permitía un conocerse a sí mismo, (gnothi seauton) y el precepto de "conócete a ti mismo" con la "inquietud de sí" o "el cuidado de sí" (epimeleia heautou) están siempre unidas, hermandas, acopladas, esto es, para que alguien llegue a conocerse a sí mismo es necesario que tenga ese cuidado de sí, esa inquietud de sí que lo lleve hacia su interior y haga, por ejemplo, un examen de conciencia y señalamos esto como un ejemplo porque la forma de practicar este cuidado de sí era muy variado dependiendo la región y por supuesto también la religión de los pueblos donde, antes de la aparición en el periodo Sócrates-Platón, ya se practicaba. Foucault nos describe diferentes practicas o técnicas meditativas para procurar un cambio en el ser humano con el propósito de mejorarse a sí mismo, de cambiar y hacer de su vida una obra, desde la purificación hasta la resistencia son usadas en la Grecia arcaica para este fin:

En primer lugar, los ritos de purificación: No se puede tener acceso a los dioses, no se puede practicar sacrificios, no se puede escuchar al oráculo y entender qué dice, no se puede aprovechar un sueño que va a esclarecernos porque nos transmite signos ambiguos, pero descifrables: nada de esto puede hacerse si antes uno no se ha purificado. La práctica de la purificación, como rito necesario y previo al contacto, no sólo con los dioses sino [con] lo que estos pueden decirnos de verdadero, es un tema extremadamente corriente, conocido y atestiguado durante mucho tiempo en la Grecia clásica y en la Grecia helenística, y en definitiva en todo el mundo romano. Sin purificación no hay relación con la verdad en poder de los dioses. (ibíd, p. 59)

Ahora bien, ya en el contexto de Sócrates-Platón "la inquietud de sí" (epimeleia heautou) es cuestión que ocurre principalmente en tres situaciones de la vida en Grecia, la política o por lo menos en cuanto aspiraciones políticas se refiere, la pedagogía ateniense y lo que Foucault llama, la ignorancia que se ignora. En la política nos señala el autor que es en el mundo de los jóvenes aristócratas, quienes por su posición son los que se preparan y aspiran a gobernar la ciudad, esto los hace plantearse si tienen la capacidad de gobernar y por ello, para poder dar respuesta a este interrogante y para poder llegar a ser un buen gobernante es que se hace necesario la epimeleia heautou, la inquietud de sí. En el aspecto pedagógico nos señala el autor que debido a que ni la educación escolar ni la amorosa propiciaban la epimeleia heautou es que aparece en este contexto, además de la ignorancia que se ignora, señalada por el autor en el texto del *Alcibíades*. De esta forma nos muestra Foucault cómo aparece en este contexto el cuidado de sí, pero como describíamos líneas arriba, esta práctica ya era propia de diferentes poblaciones y religiones y por tanto se tenía una idea diferente de esta epimeleia heautou, cabría entonces preguntarse qué se entendía por epimeleia heautou ya en el contexto citado de Sócrates-Platón, es decir qué es ocuparse de sí mismo, el autor cita el texto:

Y esa es la razón por la cual insisto en este texto: ni bien Sócrates dice "hay que ocuparse por sí mismo", lo embarga una duda. Se detiene un instante y prosigue: está muy bien ocuparse de sí mismo, pero se corre el riesgo de engañarse. Se corre el gran riesgo de no saber bien qué hay que hacer cuando uno quiere ocuparse de sí mismo y, en vez de obedecer [a] ciegas ese principio: "preocupémonos por nosotros mismos", de todos modos, es preciso preguntar: *ti esti to hautou epimeleisthai* (¿qué es ocuparse de sí mismo?) (ibíd p. 65)

La pregunta confirma lo que ya describíamos líneas arriba en el sentido de la diferencia que había entre pueblos y religiones acerca de la practica de esta epimeleia heautou, es por esto que Sócrates plantea la pregunta, tan diversa era la idea de la "inquietud de sí" (epimeleia heautou) que algunos la entendían como purificación, otros como retiro, otros más como sacrificio, también como resistencia; la respuesta que Foucault encuentra en el texto citado es la siguiente: "¿Qué es, entonces, ese heauton o mejor, a qué hace referencia con ese heauton? Respuesta que ustedes conocen, dada cien veces en los diálogos de Platón: *psykhes epimeleteon* (uno debe ocuparse de su alma) (ibíd p.67)

Ahora bien el autor hace una precisión con respecto al termino "alma", nos señala que éste no se refiere al alma sustancia, sino al alma en tanto que se vale del lenguaje y del cuerpo, así entendida el "ocuparse de sí" nos lleva a ver con claridad que este "ocuparse de sí" es necesario para cumplir con el precepto délfico: conocerse a sí mismo y por ello están hermanados, Foucault nos indica que este último quedó como el más relevante a partir de la modernidad, es decir cuando todo se centró en el conocimiento, de ahí la relevancia del "conócete a ti mismo", dejando de lado a la epimeleia heautou, que, como ya describimos necesariamente están acopladas: "y me pareció que la filosofía moderna-por razones que intenté identificar en lo que llamé, un poco en broma aunque no sea gracioso, el "momento cartesiano"-se había visto en la necesidad de poner todo el acento en el gnothi seauton, y por consiguiente olvidar, dejar en la sombra, marginar un poco la cuestión de la inquietud de sí". (ibíd p. 78)

Por último, queremos mencionar que de entre los ejercicios que se dieron para la práctica de la epimeleia heautou destaca entre ellos el que tiene que ver con la muerte: "En la cima de todos estos ejercicios encontramos la famosa melete thanatou, meditación, o, más bien, ejercicio de la muerte. En efecto, éste no consiste en un mero recordatorio, aunque insistente, de que estamos destinados a morir. Es una manera de hacer que la muerte sea actual en la vida." (ibíd p. 478)

Hasta aquí el breve recorrido histórico de lo que actualmente conocemos como el cuidado de sí, ahora cabe preguntarnos cómo concibe este cuidado de sí Heidegger, filósofo en el que estamos basando nuestro trabajo, al respecto consideramos importante citar una fábula que ilustra la forma en que se le concibe al cuidado de sí, que para Heidegger este término sería redundante y por eso sólo lo llama cuidado, veamos como dicha fábula aparece citada en *Ser y tiempo:*

Una vez llegó Cura a un río y vio terrones de arcilla. Cavilando, cogió un trozo y empezó a modelarlo. Mientras piensa para sí qué había hecho, se acerca Júpiter. Cura le pide que infunda espíritu al modelado trozo de arcilla. Júpiter se lo concede con gusto. Pero al querer Cura poner su nombre a su obra, Júpiter se lo prohibió, diciendo que debía dársele el suyo. Mientras Cura y Júpiter litigaban sobre el nombre, se levantó la tierra (Tellus) y pidió que se le pusiera a la obra su nombre, puesto que ella era quien había dado para la misma un trozo de su cuerpo. Los litigantes escogieron por juez a Saturno. Y Saturno les dio la siguiente sentencia evidentemente justa: "Tú, Júpiter, por haber puesto el espíritu, lo recibirás a su muerte; tú tierra, por haber ofrecido el cuerpo, recibirás el cuerpo. Pero por haber sido Cura quien primero dio forma a este ser, que mientras viva lo posea Cura. Y en cuanto al litigio sobre el nombre, que se llame "*homo*", puesto que está hecho de *humus* (tierra). (op.cit. p.218)

Con la fábula citada Heidegger deja en claro que la manera de concebir el cuidado o cuidado de sí (aunque mencionamos que para el autor este término "de sí" resulta redundante) no es desde un punto de vista óntico, sino desde una perspectiva ontológica: "En qué se haya de ver el ser "original" de esta obra, lo dice la sentencia de Saturno: en el "tiempo". La definición preontológica de la esencia del hombre dada en la fábula ha fijado de antemano su vista, según esto, en *aquella* forma de ser que domina su *paso temporal por el mundo*. (Ibíd p. 219)

Con lo expuesto se aclara la noción de cuidado en sus orígenes y entonces podemos comprender con más claridad el concepto en Heidegger. Es importante señalar que no se propone una ética novedosa, lo que se pretende, de acuerdo con lo antes descrito es que más allá de un pensar metafísico, se asuma una posición ante ese "acto ético", esto en virtud de que una ética originaria parte del pensar el ser y es por ello que no puede ser una ética normativa como la tradición nos muestra; el fenómeno del cuidado es de llamamiento o emplazamiento y lo es porque en el asumir ese "acto ético" el Dasein se anticipa en el proyectar la acción que se realiza protegiendo lo que se despliega en su ser; si esto es posible sólo lo es desde lo que Heidegger llama ética originaria, en este habitar originario es también el lugar donde se da el cuidado en ese sentido que ya mencionamos líneas arriba. Así todo actuar humano se da con relación al ser, de esto podemos comprender que si el habitar originario es el lugar de la ex – sistencia, el cuidado se da o se muestra a través de la acción; y con ello esta forma de acción basada en el cuidado forma parte del construir-habitar, esto nos lleva a preguntarnos por el sentido del cuidado (la temporalidad). Al respecto resulta necesario señalar que la estructura del cuidado se caracteriza por el advenir que va siendo sido en el presentar y que sólo teniendo en cuenta esta temporalidad del fenómeno del cuidado es como el actuar del ser humano podría encaminarse hacia una preservación no sólo del espacio de las futuras generaciones; sino también de su futuro en tanto tiempo, es decir, lo que Jonás plantea como la responsabilidad hacia el futuro o como él lo dice, orientada hacia el futuro. Consideramos que sólo será posible desde esta perspectiva y no por un temor hacia la catástrofe que se visualiza a futuro, por cierto a un no muy lejano futuro, sólo cuando el ser humano deje de ser animal racional y asuma desde el precursor estado de resuelto su finitud, sólo entonces se sabrá a sí mismo perteneciente a un mundo y con una temporalidad que le permita actuar con responsabilidad hacia el futuro, respetando no sólo el espacio de las futuras generaciones (los ecosistemas), sino también su tiempo, esto es de suma importancia porque como lo señal Hans Jonás, hay un deber de preservar su posible existencia; en consecuencia hay un deber de preservar su tiempo, tiempo que se despliega en el fenómeno del cuidado como extático, es decir en el advenir que va siendo sido en el presentar. La responsabilidad de las generaciones actuales es la de cuidar el espacio- tiempo de los que están por venir, de los que sólo pueden ser defendidos si proyectamos a futuro nuestra estancia en este mundo porque, así como muere un poco el ser humano con la muerte del otro, así también vive y sólo proyectando nuestras posibilidades como habitantes de este planeta es que también podremos vivir un poco.

En ese sentido hablamos de un habitar del hombre desde donde este asuma una acción de cuidado, de resguardar aquello en lo que mora, es en esta acción de cuidar que se muestra la relación entre cuidado y habitar, este cuidar es el que se da al habitar en la cuaternidad, tierra cielo, divinos y mortales en unidad, de esta manera el habitar racional y apátrida en das Gestell da un giro para habitar en esta cuaternidad que a través y gracias al cuidado asume la responsabilidad de sus actos en relación con el ser, resguardando las cosas. El hombre al habitar está llamado a este resguardo, así el cuidado del que hablamos se refiere al hecho de regresarle su esencia a lo amado y es aquí donde se da ese cuidado, recordemos que, para Heidegger, la cura bien entendida es amor. Pero debemos destacar que el cuidado como constituyente de la relación entre habitar y preservar abre el mundo mediante un estado de ánimo; el "encontrarse"; es lo que de manera originaria permite este abrir el mundo, pero qué tipo de estado de ánimo es este que permite la relación entre el habitar y el cuidado, qué disposición afectiva es la que en su abrir el mundo coadyuve en ese trato de cuidado con el ente: el encontrarse (facticidad), este estado que tiene como base la angustia, tiene una base ética gracias a la cual se da una auténtica y genuina relación del hombre con el ser, por tanto queda claro que esta disposición afectiva permite una nueva relación con el mundo: es decir permitiría una disposición decidida o no para un acto concreto. Esta capacidad para resolver estaría acompañada de la responsabilidad que se mostraría en cada situación que demande un preservar y devolver su esencia a las cosas y en relación del ente determinado en esa acción. De acuerdo con lo descrito el encontrarse, en tanto disposición afectiva, permea la relación del hombre con el ser, por tanto esta disposición afectiva, nos permitiría ver el habitar como ser-en en la estructura del ser-en-el-mundo, de esto que estamos describiendo se comprende entonces que en ese habitar donde se da el cuidado, el hombre en su actuar basado en el cuidado se mostraría como el que cuida el ser, en pastor del ser y no como lo ha sido en el habitar racional sintiéndose el señor y dueño de lo ente a partir de una disposición afectiva a la que Heidegger llama de "confianza". Con lo antes descrito podemos decir que sí es posible establecer una nueva relación con el mundo y esta es la que hemos estado trabajando; nos referimos a la ética implícita en el cuidado, que como ya describimos, parte del habitar y del cuidado o cura que nos señala un nuevo camino para una nueva relación con el mundo en la que el habitar es el lugar donde se mora y el cuidado el cómo se habita, en esto se muestra ese vínculo íntimo entre los dos, habitar y cuidado en torno al ser, esta vinculación íntima nos deja ver que ese vínculo es imprescindible en el habitar del hombre en el mundo, es decir el cuidado en su mostrarse mediante la acción no sólo abre mundo desde un estado de ánimo (la angustia) que en este caso es la disposición afectiva fundamental propia de un momento histórico, también hace mundo.

De acuerdo con lo anterior podemos decir que el fenómeno del cuidado promueve la acción y por tanto eso nos lleva a afirmar que es mediante el cuidado que podríamos cambiar nuestra relación con el mundo; si se requiere una ética como lo plantea Hans Jonás, consideramos que ésta ya está implícita en el actuar del cuidado, toda vez que sólo la temporalidad de este fenómeno permite de forma auténtica lo que Jonás propone: La responsabilidad proyectada a futuro y no basada en el temor, sino en el amor, entendido éste como el dejar ser. Hasta aquí hemos descrito lo que consideramos el camino que habría que recorrerse para fundar una nueva relación con el mundo y que como lo describimos al inicio del capítulo guarda relación con el construir, habitar y pensar, en este último, (el pensar) encontramos que en ese "querer" que pugna por ser está ya presente el cuidado, pero el problema de esta era técnica es que como nos señala Heidegger, todavía no pensamos, el pensar entonces es fundamental porque el pensar es sólo cuando se adueña de su esencia (de persona o cosa) y pensar es el pensar el ser. En ese sentido, como se puede ver, la forma de concebir el pensar de Heidegger, toda acción tiene como fundamento el mostrarse mismo del ser, así esto nos permite mostrar que el cuidado se muestra en una vinculación ontológica con el habitar y por tanto de una ética implícita en el fenómeno del cuidado (recordemos que la ética originaria piensa la estancia del hombre y la verdad del ser como elemento inicial del hombre en cuanto existente). Ahora bien si nuestra propuesta de cambio es que la nueva relación con el mundo sea a través de una ética que no sea normativa, cómo sería esa nueva relación con el mundo basada en el cuidado que tiene implícita una ética originaria, qué es o cómo se haría manifiesta en el comportamiento del ser humano, cómo podría ser esa ética si no recurre a sujetar al ser humano mediante la culpa o temor que le genere el hecho de ejecutar el acto que está prohibido y que ante la espera de un castigo sujete su comportamiento; la ética de la tradición se ha manejado así para hacer del comportamiento humano un "hacer" bueno o por lo menos alejado del mal; cómo entonces se haría en acto la ética, qué forma de proceder se tendría en un comportamiento basado en el cuidado, si no es normativa cómo podría cambiar la relación con el mundo (que es lo que este trabajo propone). Respondemos a este cuestionamiento diciendo que la ética implícita en el fenómeno del cuidado es, como lo mencionamos al inicio del capítulo, de emplazamiento que llama; es necesario que describamos ampliamente la connotación de esta palabra, si buscamos el significado formal de ella, encontramos que para la RAE (Real Academia Española) está significa: "dar a alguien un tiempo determinado para la ejecución de algo". Como podemos ver este significado no alcanza (aunque lo incluye) para describir lo que la palabra emplazamiento en su connotación de la ética nos dice, es necesario citar el aforismo 341 de Nietzsche que aparece en la *Gaya Ciencia,* en donde describe que, si se fuera eterno, si la vida se repitiera una y otra vez: cada acto, bueno y malo; cada situación, buena y mala; cada minuto, cada hora y día. ¿Sería soportable tal situación?, pero qué relación guarda este aforismo con una parte de lo que aquí queremos comprender y describir en referencia a la ética implícita en el fenómeno del cuidado y el emplazamiento como una de sus características del acto humano. El aforismo de Nietzsche lo interpretamos aquí como parte de lo que puede ayudarnos a comprender el emplazamiento a partir de lo que lo que podemos describir como la phronesis; el advenir que va siendo sido en el presentar nos permitiría un emplazamiento en el comportamiento basado en el cuidado; así el aforismo nos permite comprender cómo el sido siendo siempre nos acompaña a lo largo de nuestra existencia y aunque el ser humano es finito; el aforismo nos ilustra cómo cada acto realizado a lo largo de la existencia nos va acompañando en virtud de que todo lo sido, sigue siendo por mor de la temporalidad extática y en muchas ocasiones tales actos se tornan insoportables como si fueran eternos convirtiéndose en un verdadero tormento para quien no puede dejarlos para siempre en el olvido. Ahora bien, la ética implícita en el fenómeno del cuidado no busca este tipo de sufrimiento que bien podría ser del gusto de la ética tradicional, lo que se describe es que el aforismo de Nietzsche ilustra en parte lo que la palabra emplazamiento significa y decimos en parte porque sólo alcanza a ilustrar *el sido siendo* de la temporalidad extática por lo que a la palabra emplazamiento le faltaría – desde el pensamiento de Nietzsche-, el mostrar el advenir que es el adelantarse para poder, como lo señala la definición formal de la RAE, dar a alguien un tiempo determinado para ejecutar algo, así en el adelantarse se daría ese tiempo para la meditación del acto para finalmente realizarse en el presentar; en este sentido, decíamos que tomamos el aforismo de Nietzsche para ilustrar el sido siendo que siempre, mientras se esté en este mundo, acompañará nuestra existencia. Pero a esta descripción de lo que es el emplazamiento le hace falta abordar el pensar que se da en este advenir, el significado de emplazar es el dar a alguien un tiempo determinado para la ejecución de algo; bien pues en este dar tiempo es que se puede anticipar el hombre a su acción: "el haber sido, la presencia y lo que guarda encuentro y que, de costumbre, se denomina futuro. al temporalizar, el tiempo nos retrae a su triple simultaneidad, aportándonos con ello lo eclosionador de lo con-tempo-ráneo, la igualdad unida de haber sido, presencia y lo que guarda encuentro". (Heidegger, M. 1990, p. 169) Siendo ese tiempo, un tiempo para pensar la acción, es aquí precisamente donde se muestra el pensar meditativo que se adueña de la esencia de la persona o cosa, en el entendido que tal adueñarse es el devolver su esencia, es el amor que surge en este proceso del advenir para que en esta proyección se posibilite el acto. Es obligado preguntarse, de dónde surgiría la decisión de actuar conforme al bien, porque el emplazamiento sólo hace referencia al aspecto de la temporalidad de la ética originaria, una vez iniciado el emplazamiento qué o quién hace tomar la decisión al ser humano, decíamos que es a través del pensamiento meditativo, pero cómo, esto sería a través de lo que conocemos como la esencia del habla, que nos habla desde el decir confiador y a través de un hablar silente, es decir el habla nos habla a través del silencio. Así lo que propone Hans Jonás como concepto de responsabilidad y fundamento de una ética se muestra más viable, se muestra posible en la temporalidad orientada hacia el futuro. Como podemos ver el fenómeno del cuidado está presente en la esencia humana como temporalidad: el advenir que va siendo sido en el presentar, sin tener una característica lineal como se ha conceptualizado el tiempo. El camino para esta nueva relación con el mundo, en la que la destrucción progresiva y constante de los ecosistemas, la contaminación de los ríos y mares, del aire y el mismo hombre, se detenga, sólo será posible a través de una nueva relación mediante la ética originaria implícita en el fenómeno del cuidado, en este sentido podremos dejar que el cuidado nos devuelva el amor por la tierra, los ríos y mares, el aire, el hombre mismo; que nos devuelva la vivacidad de la existencia.

De acuerdo con lo descrito hasta aquí, el camino abierto para mostrar la ética originaria implícita en el fenómeno del cuidado es un camino que implica mucho trabajo de investigación

159

y que por ser un camino que se inicia, se requiere un trabajo continuo de reflexión y de esta forma profundizar en el habitar-construir y en lo que nombra la relación del habitar con el fenómeno del cuidado, todo ello desde la iluminación del ser. Así el presente trabajo tiene como propósito el caminar ese camino e intentar aportar en esa línea de investigación una comprensión de diferentes aspectos de lo que hemos descrito como el fenómeno del cuidado. En este caso nuestra investigación se concretó al estudio de la relación con el mundo y como ya describimos, este camino del estudio del fenómeno del cuidado es un camino posible para establecer una nueva relación con el mundo. Queda mucho camino por recorrer, mucho que investigar, pero el paso que se ha dado es fundamental. Para finalizar citaré un párrafo que me parece fundamental para quienes estén interesados en seguir este nuevo camino de investigación:

"…cuidado, Freien (liberar) significa propiamente cuidar. El cuidar en sí mismo, no consisten en no hacerle nada a lo cuidado. El verdadero cuidar es algo positivo, y acontece cuando de antemano dejamos a algo en su esencia, cuando propiamente realbergamos algo en su esencia; cuando en correspondencia con la palabra, lo rodeamos de una protección, lo ponemos a buen recaudo. Habitar, haber sido llevado a la paz, quiere decir: permanecer a buen recaudo, apriscado en lo frye, lo libre, es decir en lo libre que cuida toda cosa llevándola a su esencia. *El rasgo fundamental del habitar es cuidar (mirar por)*. Este rasgo atraviesa el habitar en toda su extensión. Ésta se nos muestra así que pensamos en que en el habitar descansa el ser del hombre, y descansa en el sentido del residir de los mortales en la tierra". (Heidegger, M. *Construir, habitar, pensar*. Barcelona 2007, pag.48)

CONCLUSIONES

Pensar en una conclusión es pensar en el fin que se aproxima y preguntarnos seriamente si todavía estamos a tiempo de revertir el daño que se ha causado a los ecosistemas, al mundo entero. En ese sentido podemos decir que el ser humano está actualmente, como nunca antes en la historia de la humanidad frente a su propia extinción, a una muerte colectiva causada por el mismo hombre, esto es, un suicidio colectivo o ecocidio, así la esperanza que se vislumbra es poca, estamos ya en el punto de no retorno y las medidas que se están tomando por parte de los gobiernos de todos los países del mundo no bastan para detener el calentamiento global, no bastan para detener la destrucción de los ecosistemas y no pueden detenerlo en virtud de que sus principales formas de resolver la problemática están basadas en la técnica y en la ciencia, es decir en un pensamiento calculador que es el origen mismo de lo que ahora se quiere atender y resolver en bien de la humanidad. Así la manera de concebir al mundo en la modernidad surge del pensamiento calculador, al respecto es obligado citar el pensamiento de Heidegger:

> Pero al convertirse el pensamiento actual más decidida y exclusivamente en un calcular, instrumentaliza todas las posibles fuerzas e intereses disponibles para calcular cómo podrá el hombre instalarse próximamente en el espacio cósmico

vaciado de mundo (weltlos). Este pensamiento está a punto de abandonar la tierra como tal tierra. En tanto que el cálculo persigue frenéticamente y con velocidad creciente la conquista del espacio cósmico. Este pensamiento es ya por sí mismo la explosión de un poder que podría aniquilarlo todo en la nada (Nichtigue). El resto, todo lo que deriva de semejante pensamiento, los procesos técnicos del funcionamiento de las maquinarias de destrucción, no sería más que el último y sombrío punto final: la locura que acaba en el sinsentido. (Heidegger, M. 1990, p. 169)

Es sorprendente como el pensamiento de Heidegger se adelanta a su tiempo y se convierte casi en profético; si en este proceso en el que el pensamiento calculador prevalece como en ninguna otra época pareciera que no hay reversa y que al final sólo quedaría la destrucción de un planeta hermoso, que agotado en sus recursos únicamente quedará como panteón de lo que fue un animal o especie que, como dijo Nietzsche inventó el conocimiento:

En algún apartado rincón del universo centelleante, desparramado en innumerables sistemas solares, hubo una vez un astro en el que animales inteligentes inventaron el conocimiento. Fue el minuto más altanero y falaz de la "historia Universal": pero, a fin de cuentas, sólo un minuto. Tras breves respiraciones de la naturaleza, el astro se heló y los animales inteligentes hubieron de perecer. Alguien podría inventar una fábula semejante, pero con todo, no habría ilustrado suficientemente cuán lastimoso, cuán sombrío y caduco, cuán estéril y arbitrario es el estado en el que se presenta el intelecto humano dentro de la naturaleza. Hubo eternidades en las que no existía; cuando de nuevo se acabe todo para él no habrá sucedido nada, puesto que para ese intelecto no hay ninguna misión ulterior que conduzca más allá de la vida humana. (Nietzsche, F. *sobre la verdad y mentira en sentido extramoral*. Tecnos Madrid. 2005)

Todo apunta hacia la extinción del ser humano como especie, había mundo antes de él y habría mundo si se extinguiese, tal vez sean demasiado fatales nuestras palabras, pero hasta ahora no se ve que pudiera haber un camino para salir de esta situación, lo único que se puede ver aun cuando parezca ciencia ficción es como lo señala Heidegger en la cita líneas arriba, que el ser humano emprenda la huida de este mundo, situación que actualmente es más probable que en el año en que lo afirmó este filósofo, de ser así estaría limitado sólo para unos cuantos, pero ¿no sería esto de abandonar este mundo una ventaja gracias a la técnica? No podemos negar el avance de la ciencia ni de la técnica diremos también que esta tiene un papel muy importante, permitir que la edad moderna llegue a su fin, llevar al extremo el concebir al ser como ente, convertir todo en objetividad, en objeto para un sujeto y éste mismo convertirse también en objeto, gracias a la técnica y por supuesto a la ciencia; basta con que miremos nuestro entorno para darnos cuenta que el mundo natural ha sido, en la ciudades, sustituido por un mundo artificial construido por el hombre gracias a la técnica, ahora las computadoras organizan las ideas de los seres humanos, en las empresas no sólo almacenan los datos y perfiles de sus empleados, también organizan todos los procesos productivos, esto ha hecho que el ser humano se sienta atraído por la técnica, que crea que es una verdadera ayuda para el logro de las metas, para un vivir digno y para resolver problemas tan relevantes como el cambio climático y por consecuencia el daño a los ecosistemas. Si dirigimos nuestra mirada hacia los espacios que no son ciudades, es decir al espacio del mundo natural, encontraremos los campos devastados, las tierras de cultivo agotadas por tanto pesticida y fertilizantes tóxicos, los mares llenos de basura plástica y de todo tipo, el aire lleno de bióxido de carbono, lo que exacerba el efecto invernadero y por tanto provoca el cambio climático. La época moderna se esenciará de manera vertiginosa:

Das Gestell a saber, el emplazar, la provocación, el solicitar, la disponibilidad y el desencubrimiento. Él los incorpora ahora al ensamblaje de das Gestell que coliga el todo múltiple del emplazar de tal suerte que este emplazar incita al hombre a descubrir lo real, más no simplemente en el sentido de su desocultamiento, sino de su provocación conforme a un solicitar entendido como disponibilidad. La esencia del hombre es determinada ahora por el ensamblaje de las relaciones del Gestell que en su dinámica cumple la tarea de ejecutar el emplazamiento que provoca es decir que procura la producción técnica. Ésta hace salir del oculto, pero en la medida en que provoca en el modo de la disponibilidad. (Másmela, C. 2009, p.67)

Pero como nos dice Hölderlin, donde está el peligro, está también lo que salva, si logramos escuchar lo que el habla, habla: "a la invocación silenciosa del recogimiento según el cual el Decir encamina la relación del mundo la llamamos el son del silencio Es: el habla de la esencia". (Heidegger. M, 1990, p.193) Entonces el destino de este mundo y del hombre como especie que ha provocado estos cambios destructivos, cambiará. Lo que salva es el "dejar ser" llevar algo a su esencia, en palabras de Másmela: "lo que salva en el supremo peligro salvaguarda el ser, retrayéndolo de su desocultamiento". (ibid., p. 75) Así de acuerdo con lo anterior el único camino que alcanzamos a vislumbrar para cambiar la situación actual del mundo y su inherente extinción de la especie humana, es el "dejar ser", que no es otra cosa que lo que constituye al cuidado y que bien entendido no es otra cosa que amor o lo que es lo mismo devolver su esencia alas cosas. Pero no sabemos si estemos a tiempo para esto porque el cambio es urgente y es necesario hacer entender a los responsables de atender el problema a nivel mundial, ¿cómo hacer que escuchen a la filosofía?

Esta pregunta nos hizo reflexionar durante los primeros años del estudio y sigue siendo una pregunta que debe ser respondida porque si se logra que los gobiernos de todos los países lo hagan, entonces es probable que la situación que actualmente prevalece cambie y con esto se podría detener la catástrofe que se avecina de forma vertiginosa.

Para concluir citaré un fragmento del discurso del Dr. Guerra publicado en metafísica y Ontología:

> Es necesario superar todas aquellas corrientes filosóficas o ideológicas que están al servicio del desarrollo y del dominio de la ciencia y de la técnica sometidas a las concepciones pragmáticas imperantes. Plantean aparentemente un lenguaje crítico y riguroso, pero en una época como la nuestra es urgente ir más allá y profundizar en la relación de los seres humanos con el desarrollo en todos los campos.

> La metafísica y la ontología, como culminación de la historia de la filosofía, son, para nosotros, lo que hará posible profundizar en el pensamiento acerca del ser humano como base y fundamento de la ciencia y la tecnología, como búsqueda de los caminos históricos esenciales para superar la enajenación. Sólo el pensar, en el sentido más estricto, permitirá encontrar los nuevos caminos o métodos de investigación, que harán posible la superación de la crisis contemporánea: la dialéctica, la fenomenología, la hermenéutica y la heurística. Hay que volver al rigor y a la autenticidad con que se inició la filosofía en Grecia. (Guerra, R. *Ontología moderna y contemporánea*, Cuernavaca, México, 2005)

De no ser así, como se describe líneas arriba, lo único que nos queda por camino que recorrer es, como lo dijo Heidegger en la entrevista que le hizo der Spiegel: "sólo un Dios puede aún salvarnos" (Nur noch ein Gott kann uns retten).

Bibliografía

Aristóteles. (1995). *Metafísica*, Calvo Martínez. T. (trad.). Madrid, Gredos.

-(1985) *Ética Nicomáquea*. Pallí, J. (trad.), Madrid, Gredos.

Adrián Escudero Jesús, (2010) *Heidegger y la genealogía de la pregunta por el ser*. Barcelona, ed. Herder.

-*Guía de lectura de ser y tiempo*, vol.1 y 2, (2016), Barcelona. Herder.

Agazzi, E. (1996). *El bien, el mal y la ciencia*. Las dimensiones éticas de la empresa científico-tecnológica. Madrid, ed. Tecnos.

Batllori, Alicia, *la educación ambiental para la sustentabilidad*, UNAM, 2008.

Boburg, Felipe, (2009) *Heidegger y el problema de la técnica*. Cuernavaca Morelos, en Martin Heidegger, caminos, CIDHEM.

Beuchot, M. y Blanco, R. (1990) *Hermenéutica, psicoanálisis y literatura*. México. UNAM

Bergson, Henri (1990) *Obras escogidas*, trad. José Antonio Miguez. Madrid, Aguilera.

Braunstein, Néstor A. (2005) *psiquiatría, teoría del sujeto, psicoanálisis*, México. Siglo XXI

Castro Merrifield, F. *Habitar en la época técnica*, México, Plaza y Valdez, 2008

Constante, Alberto. Heidegger: *el <<otro comienzo>>* México, Afínita, 2010

-*El oscuro humus de la tierra*, (2009) en Martin Heidegger, caminos, Cuernavaca Mor. UNAM CIDHEM.

Descartes René, (2010), *Discurso del Método, Meditaciones Metafísicas*. Rutiaga, L. (trad.) México, ed. Tomo.

Del Moral, J.M. (2009) *Historicidad y temporalidad en el pensamiento de Heidegger*. Cuernavaca Mor. CIDHEM.

Ferrater Mora, José, Madrid, *Diccionario de filosofía*, Alianza Universidad 1987

Foucault, Michel, (2009). *La hermenéutica del sujeto*, Argentina, ed. Fondo de Cultura Económica.

Gadamer, H.G. (1991). *Verdad y método. Fundamentos de una hermenéutica filosófica*, Agud Aparicio, A. y Aparicio R. (trad.). Salamanca, ed. Sígueme.

Guerra Tejada, Ricardo, (2005) *Ontología moderna y contemporánea, en Metafísica y Ontología*, Mor. México. CIDHEM.

Actualidad de Nietzsche, Cuernavaca Mex. ed. CIDHEM, (2006)

Guerra Tejada, Ricardo, Yáñez Vilalta, coord. (2009) *Martin Heidegger, Caminos*, UNAM, CIDHEM.

-*Ontología: ser, lenguaje e historia*. (2009) en Martin Heidegger, caminos, Cuernavaca Mor. UNAM CIDHEM.

Gómez-Arzapalo, F. (2012), *Hacia una hermenéutica de la técnica*, Berlín, Académica.

-*Apuntes acerca de Ser y tiempo*, (2012) Berlín. Académica Española.

-*El amor y su singularidad erótica*, (2013). México. Universidad Iberoamericana.

- *la verdad como custodia del ser*, (2005) en Metafísica y Ontología, Mor. México, CIDHEM.

-*Heidegger y la pregunta por el tiempo*, (2009). en Martin Heidegger, caminos, México. UNAM, CIDHEM,

-*Prolegómenos de una ética erótica*. (2008) seminarios, Cuernavaca, Mex.inedito.

-*la técnica moderna en tanto figura acabada de la metafísica*, (2009) en la técnica ¿orden o desmesura? Puebla, México. BUAP.

Gutierrez Edith, (2009) *Heidegger y la técnica o de cómo la metafísica ilumina el ocaso del segundo milenio* en Martin Heidegger, caminos, Cuernavaca Mor. UNAM CIDHEM.

Heidegger, M., (2007). *El ser y tiempo*, México. Fondo de cultura económica.

-*Carta sobre el Humanismo*, (2009). Madrid. Alianza Editorial. -De camino al habla (1990), Zimmermann Y. (trad.) Barcelona, Serbal.

-*Conferencias y artículos*, (2001) Barjau, E. (trad.) Barcelona, del Serbal.

-*Caminos del bosque*, (2008). Madrid. Alianza Editorial.

-*Cuadernos negros*, (2015), trad. Ciria, A. Madrid. Trotta.

-*Conceptos fundamentales de filosofía antigua*, (2014), trad. Jiménez, Buenos Aires, Waldhuter.

-*De la esencia del fundamento*. -(2000), En Hitos, Cortés, H. y Leyte, A. (trad.) Madrid, ed. Alianza Editorial.

-*De camino al habla* (1990), Yves Zimmermann (trad.) Barcelona, Ed. odós

-*Ejercitación en el pensamiento filosófico*, (2008), trad. Ciria, A. España, Herder.

-Entrevista a Martin Heidegger, -(1996), Der Spiegel (23/1976), Rodríguez R (trad.) Madrid, Tecnos.

-*Filosofía, Ciencia y Técnica*, (2007), Soler, F. (trad.) Santiago de Chile. Universitaria.

-*Heráclito,* (2012), trad. Másmela. C. Buenos Aires. El hilo de Ariadna

Hölderlin, Friedrich. (1977). *Poesía completa*. Barcelona, Ediciones 29.

-*Introducción a la filosofía*, (2001), Madrid. Frónesis.

-*Introducción a la metafísica*, (2003), Barcelona. Gedisa.

-*Identidad y diferencia*, (1990), Cortés H. y Leyte, A. (trad.). Barcelona, Anthropos.

-*La historia del ser*, (2011), trad. Picotti, C. Diana. Buenos Aires. El hilo de Ariadna.

-*La idea de la filosofía y el problema de la concepción del mundo.* (2005) Barcelona Herder.

-*La pregunta por la técnica*, (2007) Barcelona. Folio.

-*La época de la imagen del mundo*, (2008), Madrid. Alianza E.

-*Los conceptos fundamentales de la metafísica, mundo, finitud y soledad.* (2007), Madrid, Alianza ed.

-*Los problemas fundamentales de la fenomenología*, García Norro J. (trad.). -(2000) Madrid, ed. Trota.

-*Lógica, la pregunta por la verdad*, (2009) Madrid Alianza.

-*Aportes a la filosofía: acerca del evento*, (2006), trad. Picotti, C. Diana. Buenos Aires. Biblos.

-*Meditación*, (2006), trad. Picotti, C. Diana. Buenos Aires. Biblos.

-*Ontología, Hermenéutica de la facticidad*, (2008), Madrid, Alianza editorial.

-*Prolegómenos para una historia del concepto del concepto de tiempo,* (2007), Madrid. Alianza Editorial.

-*Preguntas fundamentales de la filosofía*, (2008), Granada. Comares.

-Parménides. Másmela C. (trad.) (2005), España, AKAL.

- *¿Qué es metafísica?,* -(2003), Cortés, H. y Leyte, A. (trad.). Madrid, Alianza Editorial.

- *¿Qué es la filosofía?,* (2004), Barcelona. Herder.

- *¿Qué significa pensar?,* (2008), Argentina. Caronte filosofía

-Sobre el comienzo, (2007), trad. Picotti, C. Diana, Buenos Aires. Biblos.

-Seminarios de Zollikon, -(2007), Xolocotzi A. (trad.) Morelia, México. Jitanjáfora.

-Ser verdad y fundamento. -(1968), García Belsunce E (trad.), Venezuela, ed. Monte Ávila Editores.

-Ser y Tiempo. -(1997), Rivera, J.E. (trad.). Santiago de Chile, Ed. Universitaria.

-Aportes a la filosofía. Acerca del evento, -(2003), D.V. Picotti (trad.), Buenos Aires, Biblos.

Jonás, H. (1995) *El principio de responsabilidad, en Ensayo de una ética para la civilización tecnológica.* Barcelona, ed. Herder.

-El principio de vida, Mardomingo, (2000) J. (trad.) Madrid. Trotta.

Leyte, Arturo, (2005), *Heidegger,* Madrid, Alianza editorial.

Lovelock, James E. *La venganza de la Tierra,* Madrid, planeta 2007.

Másmela C. (2009) Heidegger: *El ensamblaje del Ge-stell en la técnica moderna,* en la técnica, orden o desmesura, Célida Godina y Xolocotzi, A. BUAP. Puebla.

-la totalidad, (2009), México, los libros de Homero.

-el tiempo del ser, (2000), Madrid. Trotta.

Murueta M. Eduardo, (2009) *Cura y praxis.* en Martin Heidegger, caminos, Cuernavaca Mor. UNAM CIDHEM.

Nietzsche, Friedrich, (2010) *Así hablaba Zaratustra,* México. Leyenda.

- *Gaya Ciencia*, (2009), México. Leyenda

-*Más allá del bien y del mal*, (2010), México. Leyenda.

-*Ecce Homo*, (2010), México. Leyenda

Platón, (2007), Teeteto, México. UNAM.

Rivara Kmaji G. (2009) *de la experiencia de pensar a Heidegger.* en Martin Heidegger, caminos, Cuernavaca Mor. UNAM CIDHEM.

Rivero Weber, P. (2009) *verdad, filosofía y expresión. en Martin Heidegger*, caminos, Cuernavaca Mor. UNAM CIDHEM.

Santisteban, Luis C. (2009) *Heidegger y la ética*, México, UACH.

-*El problema de la ética en Heidegger.* (2009) en Martin Heidegger, caminos, Cuernavaca Mor. UNAM CIDHEM.

Silva Camarena, J.M. (2009), *la técnica da que pensar.* Puebla, México. BUAP.

Sloterdijk, P. (2001) *Normas para el parque humano.* España, ed. Seix BArral

Tamayo Pérez, Luis. (2010) *La locura Ecocida.* México. Fontamara.

-*un recodo en el camino de M. Heidegger: del abituriententraum a la libertad,* en Martín Heidegger, caminos, (2005) Ricardo Guerra tejada y Adriana Yáñez Vilalta, coordinadores, ed. UNAM; CIDHEM

Vattimo Gianni, *El fin de la modernidad*, Barcelona, ed. Gedisa, 2007

-*Creer que se cree*, Buenos Aires, Paidós 1996.

Xolocotzi Yáñez, Ángel, (2009), *Los seminarios de Zollikon*, en Martin Heidegger, Ricardo Guerra tejada y Adriana Yáñez Vilalta, coordinadores, caminos, ed. UNAM, CIDHEM,

-*La técnica ¿orden o desmesura?*, (2009), Puebla, Mex. Benemérita Universidad Autónoma de Puebla.

- (2009), *Fenomenología viva,* Puebla Mex. ed. Benemérita Universidad Autónoma de Puebla.

-(2004), *Fenomenología de la vida fáctica*, Heidegger y su camino a Ser y tiempo

-(2009), *Facetas heideggerianas,* México, los libros de Homero, BUAP.

-(2007) *Subjetividad radical y comprensión afectiva.el rompimiento de la representación* en Rickert, Dilthey, Husserl y Heidegger. México, Plaza y Valdés

Revistas e informes

www.grainbiodiversidad abril 2006, biología sintética: ¿el futuro de la vida en manos de los científicos?, revista electrónica No 76

Der Spiegel, entrevista,23 de septiembre de 1966

Comisión Mundial sobre el medioambiente y el desarrollo, Our common future, Canadá, Lambda, 2005.

ONU, (PNUMA), (2003), Ecosistemas y Bienestar Humano: Marco para la Evaluación, Informe

ONU, (PNUMA), (2012), Ecosistemas y Bienestar Humano: Marco para la Evaluación, Informe

ONU, (PNUMA), (2019), Ecosistemas y Bienestar Humano: Marco para la Evaluación, Informe

Índice

www.ingramcontent.com/pod-product-compliance
Lightning Source LLC
Chambersburg PA
CBHW020705270326
41928CB00005B/280